mañana

1

Libro del Alumno

Isabel López Barberá
M.ª Paz Bartolomé Alonso
Pilar Alzugaray Zaragüeta
Ana Isabel Blanco Gadañón

Diseño del proyecto: Equipo didáctico de AnayaELE
Programación didáctica: Milagros Bodas, Sonia de Pedro

Redacción: Isabel López Barberá
M.ª Paz Bartolomé Alonso
Pilar Alzugaray Zaragüeta
Ana Isabel Blanco Gadañón

© De la obra: Grupo Anaya S. A.
© De los dibujos, esquemas y gráficos: Grupo Anaya S. A.
© De esta edición: Grupo Anaya S. A., 2003, Juan Ignacio Luca de Tena, 15 - 28027 Madrid (España)

Depósito legal: S-871-2003
ISBN: 84-667-2629-2
Printed in Spain
Imprime: Gráficas Varona. Polígono "El Montalvo", parcela 49. Salamanca

Equipo editorial
Coordinación y edición: Milagros Bodas, Sonia de Pedro
Equipo técnico: Javier Cuéllar, Laura Llarena
Ilustración: El Gancho (Tomás Hijo, José Zazo y Alberto Pieruz)
Diseño de cubiertas e interiores: M. Á. Pacheco, J. Serrano
Maquetación: Ángel Guerrero
Corrección: Consuelo Delgado, Carolina Frías
Edición gráfica: Nuria González

Fotografías: Archivo Anaya (Boé, O.; Castro, M.; Chamero, J.; Jove, V. R.; Lacey, T.; Leiva, Á. de; Lezama, D.; Marín, E.; Ortega, A.; PdT, M.; Quintas, D.; 6x6 Producción Fotográfica; Steel, M.; Ramón, P. - Fototeca de España; Vizuete, E.).
Nuestros agradecimientos a los niños Daniel Pérez Fernández, Asayumi Hentona Santa-Isabel y Fátima López Antolín.

PRESENTACIÓN

Mañana es un curso de español en cuatro niveles dirigido a preadolescentes / adolescentes. Se ha diseñado una programación que contempla las necesidades de los profesores y las peculiaridades de los alumnos.

Cada nivel del método se compone de Libro del Alumno, Cuaderno de Ejercicios, Libro del Profesor y Audiciones.

El objetivo de este primer nivel es que el alumno adquiera una mínima competencia para desenvolverse en situaciones comunicativas cotidianas.

El Libro del Alumno está compuesto de Cuadro de programación, ocho lecciones, Apéndice gramatical, Transcripciones, Glosario y Giros y Expresiones traducidos al inglés, francés, alemán e italiano.

Cada lección consta de Presentación, que incluye título, objetivos de la lección y una gran ilustración, a modo de introducción; Para empezar, destinada a la compresión oral; A trabajar, donde se practican la gramática y el léxico; Fíjate bien, sección diseñada para trabajar la ortografía y la fonética; Tu lectura, destinada a trabajar la comprensión lectora a través de textos divulgativos; Ahora habla, para practicar la expresión oral; Ahora tú, con actividades para repasar los contenidos fundamentales de la lección; Un poco de todo, sección lúdica, y Para terminar, destinada a la revisión de lo estudiado en la lección.

Existen fichas con información gramatical y funcional llamadas *¿Sabes?,* que en muchos casos incluyen una referencia al Apéndice gramatical.

CUADRO DE PROGRAMACIÓN

Lección	Funciones
1. LA CLASE DE ESPAÑOL	– Saludar, presentarse y despedirse. – Preguntar y decir el nombre y los apellidos, la dirección y la edad.
2. MI CASA	– Describir la vivienda y sus habitaciones. – Expresar existencia. – Situar en el espacio.
3. EL CUMPLEAÑOS DE LA ABUELA	– Expresar relaciones familiares y hablar de los miembros de la familia. – Descripción física de las personas.
4. UN DÍA NORMAL Y CORRIENTE	– Hablar de acciones habituales. – Preguntar y decir la hora. – Expresar la frecuencia con que haces las cosas.
5. DE COMPRAS	– Pedir un producto y preguntar por sus características y su precio. – Establecer comparaciones.
6. HOY COMEMOS FUERA	– Pedir en un restaurante. – Expresar gustos y preferencias. – Mostrar acuerdo o desacuerdo en los gustos.
7. ¿QUÉ TE PASA?	– Expresar estados físicos y anímicos. – Hablar de síntomas y enfermedades. – Expresar condición y obligación, dar consejos.
8. DE MAYOR SERÉ...	– Hablar de planes y proyectos. – Indicar acciones en desarrollo. – Expresar condición. – Hablar sobre el tiempo atmosférico.

Gramática	Léxico	Ortografía y fonética
– Pronombres personales de sujeto. – El artículo. Las contracciones *(al, del)*. – Género y número del sustantivo. – Interrogativos: *¿cómo?, ¿dónde?, ¿cuántos?*	– Expresiones para saludar y despedir. – Números del 0 al 30. – Mobiliario y objetos de la clase. – Países y nacionalidades.	– El alfabeto (grafías y sonidos).
– Género y número en los adjetivos. – Preposiciones y expresiones de lugar. – *Hay / está(n)*.	– Partes de la casa. – Mobiliario y enseres de la casa. – Adjetivos para la descripción de objetos.	– La *c*. – Las vocales.
– Adjetivos y pronombres posesivos. – Adjetivos para la descripción de personas. – Adjetivos y pronombres demostrativos.	– Relaciones de parentesco. – Estado civil. – Fiestas y celebraciones. – Los meses del año.	– La *g* y la *j*.
– Presente de Indicativo regular e irregular. – Verbo *soler*.	– Los días de la semana. – Las asignaturas. – Los medios de transporte. – Las tareas de la casa.	– La *r* y la *rr*. – Sílabas tónicas y átonas.
– Imperfecto de cortesía y Condicional Simple. – Comparativos. – Gradación del adjetivo con *muy* y *un poco*.	– Alimentos: pesos y medidas. – La ropa: nombres de prendas y características. – Expresiones para realizar compras y valorar un producto.	– La *ll* y la *y*. – Los signos de interrogación y exclamación.
– Verbos *gustar* y *encantar*. – *A mí también / A mí tampoco; a mí sí / a mí no*. – Superlativos en *-ísimo*.	– Comidas y bebidas. – Partes del menú. – Locales donde comer.	– La *c / z*, la *q* y la *h*.
– Imperativo. – Condicionales: *Si* + Presente, Imperativo. – *Hay que* + Infinitivo. – *Tener que / Deber* + Infinitivo.	– Partes del cuerpo. – Estados físicos y anímicos. – Síntomas de enfermedades y remedios.	– La *b* y la *v*. – Uso de *e / u* por *y / o*.
– Marcadores temporales de futuro. – *Ir a* + Infinitivo. – Futuro Simple de Indicativo. – *Estar* + Gerundio. – *Si* + Presente, Futuro Simple.	– Profesiones y deportes. – Léxico sobre el tiempo atmosférico.	– Sufijos aumentativos y diminutivos. – La *x* y la *s*.

1 LA CLASE DE ESPAÑOL

Saludar, presentarse, despedirse. Los números, las letras, objetos de la clase.

1 Observa y lee esta viñeta.

2 Lee las palabras del vocabulario y escríbelas en las casillas vacías.

Vocabulario

el libro
mochila
la puerta
lápiz
cuaderno
profesor
papelera
mesa
el alumno / la alumna

PARA EMPEZAR

3 **Escucha estos diálogos.**

Paloma: ¡Hola!

Mauro: ¡Hola! ¿Qué tal?

Paloma: Bien. ¿Cómo te llamas?

Mauro: Me llamo Mauro. ¿Y tú?

Paloma: Paloma.

Mauro: ¿De dónde eres?

Paloma: Soy española. De Madrid.

Mauro: ¿Cuántos años tienes?

Paloma: Tengo 11 años.

Ana: Buenas tardes.

Roberto: Buenas tardes.

Ana: Soy Ana Jiménez, la madre de Paloma Esteban.

Roberto: Encantado. Yo soy Roberto Ortega, el director del colegio español. ¿De dónde es usted?

Ana: Soy de Madrid, pero ahora vivimos en esta ciudad.

Roberto: Bienvenida.

Ana: Gracias. ¡Hasta luego!

Roberto: Adiós.

4 **Contesta a estas preguntas.**

1. ¿De dónde es Paloma?

Es de ....

2. ¿Cuántos años tiene Paloma?

Tiene ....

3. Paloma es ....

a) un chico

b) una chica

4. ¿Quién es Ana?

Es ....

Ahora lee los diálogos anteriores.

En español, el primer apellido es el del padre y el segundo, el de la **!**

Buenos días.	Hasta luego. / Adiós.
Buenas tardes.	¿De dónde eres?
Buenas noches.	Encantado.
¡Hola!	Gracias.

5 **Lee.**

¡Hola!
Me llamo Lucía Bustamante.
Soy profesora de matemáticas.
Tengo 29 años.
Vivo en la calle Puerto, n.º 13.
Hablo inglés y español.
Soy mexicana.

¿Sabes?

Tú eres español.
Ellas (Paloma y Ana) son de Madrid.
Él (Roberto Ortega) es el director del colegio español.
Vosotros estudiáis español.
En América Latina se usa ustedes en lugar de vosotros.

6 **Ahora contesta a estas preguntas.**

1. ¿Cómo te llamas? ....
2. ¿Cómo te apellidas? ....
3. ¿De dónde eres? ....
4. ¿Qué estudias? ....
5. ¿Cuántos años tienes? ....
6. ¿Dónde vives? ....

Ref. pág. 90

¿Sabes?

el / la
los / las

Es la silla de Lucía.
Son los libros de Luis.

Ref. pág. 87

7 **Relaciona las frases con estas fotografías.**

a) las pinturas son de colores
b) la niña es española
c) los libros son pequeños
d) el niño es brasileño

¿Sabes?

brasileño / brasileña; español / española; mexicano / mexicana

Ref. pág. 86

8 **Completa las frases.**

1. …… ventana es pequeña.

2. Él es …… director del colegio.

3. …… mesas son amarillas.

4. Los …........…… estudian en clase.

5. Ana …… española.

¿Sabes?

de + el = del
a + el = al
él ≠ el
Él es el director.

9 **Completa.**

1. ……… soy Lucía.

2. …………………… está en el colegio.

3. …… eres española.

Ref. pág. 90

4. …………………………… viven en esta ciudad.

5. …………………… tenéis once años.

6. ………………… estudiamos español.

10 **Escucha y después lee los números en español.**

0 cero	1 uno	2 dos	3 tres	4 cuatro	5 cinco	6 seis	7 siete	8 ocho	9 nueve	10 diez
11 once	12 doce	13 trece	14 catorce	15 quince	16 dieciséis	17 diecisiete	18 dieciocho	19 diecinueve	20 veinte	
21 veintiuno	22 veintidós	23 veintitrés	24 veinticuatro	25 veinticinco	26 veintiséis	27 veintisiete	28 veintiocho	29 veintinueve	30 treinta	

Ref. pág. 86

11 **Escribe el número de pétalos de cada flor.**

………………… ………………… ………………… ………………… …………………

12 Escucha el alfabeto español.

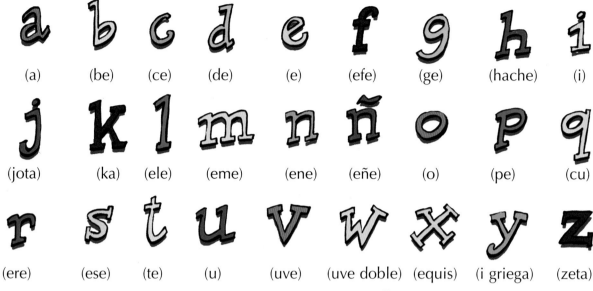

| (a) | (be) | (ce) | (de) | (e) | (efe) | (ge) | (hache) | (i) |

| (jota) | (ka) | (ele) | (eme) | (ene) | (eñe) | (o) | (pe) | (cu) |

| (ere) | (ese) | (te) | (u) | (uve) | (uve doble) | (equis) | (i griega) | (zeta) |

Escucha ahora estas letras dobles.

| (che) | (elle) | (erre) |

13 En parejas. Deletrea estas palabras a tu compañero.

Alumno	Alumno
Veinte	Dieciocho
Nosotros	Tres
Yo	Cinco

Marca las palabras que deletrea tu compañero.

Alumno				Alumno			
Veinte ☐		Yo ☐		Tres ☐		Dieciocho ☐	
Diez ☐		Colegio ☐		Silla ☐		Cinco ☐	
Uno ☐		Nosotros ☐		Ventana ☐		Mesa ☐	

14 Escucha y repite estas palabras.

Argentina	**F**rancia	**K**enia	**O**slo	**T**ailandia	**Y**emen
Brasil	**G**uatemala	**L**ima	**P**ortugal	**U**ruguay	**A**mazonia
Colombia	**H**onduras	**M**arruecos	**Q**uito	**V**enezuela	**Ch**ile
Dinamarca	**I**talia	**N**amibia	**C**aracas	**W**ashington	**S**evilla
Ecuador	**J**amaica	E**s**paña	El **S**alvador	**L**uxemburgo	**M**arruecos

TU LECTURA

15 Lee con atención esta postal.

> Río de Janeiro, 3 de febrero de 2003
>
> Querida Marta:
> ¿Cómo estás? Yo estoy muy bien.
> Estoy contenta de estar en Brasil.
> Hoy es mi primer día de clase.
> Tengo un amigo que se llama
> Mauro y tiene 12 años.
> Vivo en Copacabana.
> El colegio está cerca
> de casa.
> Me acuerdo mucho de
> vosotros.
> Hasta pronto,
> Paloma
>
> Marta Ortiz Blasco
> c/ Embajadores, nº 18
> 4º A
>
> 28012 - MADRID
>
> (ESPAÑA)

© CASA ONDATEGUI. Tel. 975 27 20 42 - Foto Victor

16 Contesta verdadero o falso.

1. Paloma no está contenta. ☐☐
2. Paloma vive en Ipanema. ☐☐
3. La casa de Paloma está lejos del colegio. ☐☐
4. Su amigo se llama Pablo. ☐☐
5. Marta vive en Madrid. ☐☐
6. Es el último día del curso. ☐☐

17 Relaciona ambas columnas.

1. Adiós
2. ¿Qué tal?
3. Encantada
4. Escuela
5. Hasta luego

A. Hasta pronto
B. Colegio
C. ¿Cómo estás?

AHORA HABLA

18 Contesta de forma oral.

¿En qué calle vive Marta?

¿En qué calle vives tú?

¿Cuál es tu número de teléfono?

¿Qué idiomas hablas?

Para saludar, ¿qué decimos?

¿Y para despedirse?

¿Tienes algún amigo en otro país? ¿Dónde?

¿Cuántos amigos tienes?

¿Dónde vives: cerca o lejos del colegio?

19 Presenta a tu compañero con estos datos.

- Nombre
- Apellidos
- Edad
- Dirección:
   - calle
   - número
   - ciudad
- Teléfono

20 Fíjate en estos personajes. ¿Qué crees que están diciendo?

> Adiós / ¿Qué tal? / ¿Qué tal estás? / Hasta luego / Buenas tardes / Buenos días / Hasta mañana

FÍJATE BIEN

21 Escucha y escribe.

1.	6. ....
2.	7. ....
3.	8. ....
4.	9. ....
5.	10. ....

AHORA TÚ

práctica global

22 ¿Qué hay en la ficha del equipo contrario? Sigue las instrucciones del profesor.

– ¿Expresión o palabra?
– ¿Cuántas palabras tiene?
– ¿Cuántas letras tiene?
– ¿Singular o plural?
– ¿Femenino o masculino?
– ¿La primera letra es la …?

Ganará el equipo que más palabras acierte en menos tiempo.

23 Dictado. Escribe las frases que te dicta tu profesor.

1. ....
2. ....
3. ....
4. ....
   ....

24 Relacionad las palabras con las fotos.

bolígrafo   papelera

sacapuntas   tiza

mapa   puerta

borrador   cuaderno

pizarra   mochila

25 Busca el nombre de seis objetos de la clase.

C	U	A	D	E	R	N	O	R	A
R	A	H	C	A	I	T	R	E	Z
A	P	Ñ	T	E	J	A	B	I	A
L	R	E	Y	V	O	N	I	A	D
A	I	F	H	N	Z	A	L	R	M
P	A	D	G	H	A	Z	N	E	O
I	A	B	U	E	L	M	E	Y	C
Z	X	V	R	R	E	N	U	T	H
O	B	T	O	S	U	J	E	R	I
A	C	X	A	A	L	Ñ	S	A	L
E	D	C	Q	N	S	I	L	L	A
Q	P	T	A	O	D	F	H	J	A

26 Escucha y lee este trabalenguas.

Ramón Ratón ratoneaba con su ratón rato y rato el muy tardo.

27 Ordena estas letras y forma palabras.

1. G I O L O E C ....
2. M R N E O B ....
3. O M A U N L ....

4. E C S A L ....
5. T E R O C A C ....
6. S M V V O I I ....

28 Relaciona los dibujos con los refranes.

Cada maestrillo tiene su librillo.

El saber no ocupa lugar.

29 **Relaciona.**

Vosotros   **2** yo + tú

Nosotros **2**   **3** él + ella

Ellos   **3**   ella + tú

30 **Contesta rápido. Gana quien acabe primero.**

Win   *finish*

1. Un saludo.

......Hola / B. días / Qué tal?......

2. Una despedida.   ↑ iai!?

......hasta luego / ¿Qué hay?......

3. Dos números.

spell

....

4. Deletrea tu apellido.

...........M - I - L - N - E - R...........

5. Completa:

   Juan y yo ....*somes*....... <u>de</u> España.

   –¿Cómo te .....*llamas*...?

   –.................. llamo Roberto.

6. Un objeto de la clase masculino plural.

   ....

7. Un objeto de la clase femenino singular.

   ....

31 **Busca la palabra intrusa.**

1. mesa, hola, silla, libro.

2. ventana, niño, alumno, profesor.

3. tener, ser, catorce, vivir.

4. uno, dos, calle, ocho.

32 **Completa con estas palabras.**

qué

cuántos

cómo

dónde

1. ¿De .... es usted?

2. ¿............ sois en la clase de español?

3. ¿............ tal está la abuela?

4. ¿............ se llama el profesor de español?

33 **Corrige los errores.**

1. –Buenas días. ¿Cómo estoy?

   ....

   –Bien. ¿Y yo?

   ....

   –También mal.

   ....

2. ¿Cuánto años tienes?

   ....

3. ¿Dónde vives Ana y Paloma?

   ....

4. ¿De dónde es Ana y Marta?

   ....

2 MI CASA

La casa, los muebles. Expresar existencia y situar en el espacio: *hay / está(n)*. Adjetivos para describir. La *c*. Las vocales.

1 Observa y lee esta viñeta.

lavabo

sillon

cuarto de baño

techo

estantería

dormitorio

armario

Mira mi habitación. Es pequeña pero muy bonita. En la estantería tengo los libros y al lado está el armario. Sobre la mesa de estudio tengo el ordenador.

salón

cama

pasillo

fregadero

suelo

el floor

la pared wall

frigorífico

cocina la

lavadora

terraza

¡Qué bonita!

2 Lee las palabras del vocabulario y completa las casillas vacías.

Vocabulario

terraza
cocina
cama
estantería
armario
lavadora
sillón

3 Escucha cómo son las casas de Julia y María. Después señala qué plano corresponde a cada una.

La casa de Julia

Mi casa está en el centro de Madrid. Es un piso y tiene una terraza. Hay tres dormitorios, un salón, una cocina y dos cuartos de baño. El salón es muy grande; hay un sofá, dos sillones, una mesa y una televisión. En un cuarto de baño hay una bañera y en el otro una ducha.

Es la casa de ....

La casa de María

Yo vivo en una casa a las afueras de Valencia. Mi casa tiene cuatro habitaciones, un cuarto de baño, una cocina y un salón. En el salón hay una mesa y un sofá. También hay un pequeño jardín.

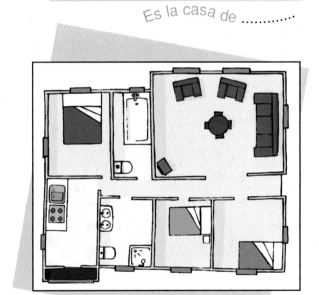

Es la casa de ....

4 Contesta a estas preguntas.

1. ¿Dónde está la casa de Julia?
   Está en _el centro de Madrid_

2. ¿Cuántas habitaciones tiene la casa de María?
   Tiene ....

3. ¿Qué hay en el salón de María?
   Hay _una mesa y un sofa_

4. ¿Cómo es el salón de Julia?
   Es _muy grande_

A las afueras. _outside / outskirts_
En el centro.
A la derecha. _to the right_
A la izquierda. _to the left_
Al lado. _next to one another_

A TRABAJAR

5 Mira la viñeta de la actividad 1 y marca los objetos que hay.

En el salón hay (un sillón)/ una lavadora / una mesa / un cuadro

En la cocina hay **un frigorífico** / una mesa / **un fregadero** / un sofá

El cuarto de baño tiene una bañera / una televisión / un lavabo / un sofá

En el dormitorio hay **una cama** / **un espejo** / **una estantería** / **un lavavajillas**

6 Lee y completa la tabla.

Mi dormitorio está junto al cuarto de baño. Es luminoso y alegre porque tiene una ventana muy grande. Debajo de la ventana hay un escritorio con un flexo. A la izquierda de la mesa hay una estantería donde están mis libros. A la derecha de la mesa está la cama. Encima de la cama, en la pared, tengo algunos cuadros.

place

Cualidades	Expresiones de lugar	Muebles/objetos
- Luminoso alegre grande	- Debajo de A la izquierda de encima de A la derecha junto al	- Escritorio vestantería la mesa r la cama esto v libros v un flexo v cuadros

¿Sabes?

Hay + un/a/os/as → existencia.
Ser se utiliza para describir.
Estar se utiliza para situar.
Ref. págs. 87-88

7 Describe tu dormitorio. Utiliza *ser*, *estar* y *hay*.

Mi dormitorio está ....; es ....
....; hay ....
....
esta están

8 Mira el dibujo y encuentra las cosas que Isabel necesita para el colegio. ¿Dónde están?

Ej.: *Los lápices están encima de la mesa.*

La zapatos están (en) la estantería
La mochila esta (debajo) de la cama
Los posters están en la pared
El edredón Morado esta en la cama

¡Vaya desorden!

9 Escucha y numera las fotos según oigas las palabras.

10 Escribe debajo de cada foto el color correspondiente.

ROJO

Amarillo

Marrón

Negro

Azul

Verde

Blanco

amarillo

blanco

rojo

Mamor

Negro

Verde

azul

¿Sabes?

Una casa pequeña.
Un jardín pequeño.
Un jardín grande.
Una casa grande.
Ref. pág. 87

11 ¿Cómo son y dónde están los objetos anteriores? Utiliza *ser* y *estar*.

Ej.: *El sofá es rojo y está en el salón.*

La lámpara es amarillo y está en el vestíbulo.
El fregadero es blanco y está en el cuarto de baño
La televisión es negro y está en el salón
La mesilla de noche es verde y está en el dormitorio.
LA SILLA es azul y está en la cocina
LA MESITA es marrón y esta en el comedor

FÍJATE BIEN

12 Lee y subraya con una línea las palabras que contienen el sonido [k] y con dos líneas las que contienen el sonido [θ].

cama	encima	hacer
doce	cuna	cero
cortina	blanco	colegio

¿Sabes?
→ c + a, o, u se pronuncia [k]
→ c + e, i se pronuncia [θ]

13 Ahora escucha y escribe.

1. _____   6. _____

2. _____   7. _____

3. _____   8. _____

4. _____   9. _____

5. _____   10. _____

14 En español solo existen cinco vocales. Escucha y aprende a pronunciarlas correctamente.

a   e   i   o   u

15 Escribe palabras que contengan estas vocales. Después díctaselas a tu compañero.

Tú				
Dictado				

TU LECTURA

16 Lee y relaciona las fotos con los anuncios.

A

Apartamento centro de Madrid

1 dormitorio,
baño completo,
balcón,
exterior

Precioso piso

cocina, gran salón, comedor,
4 habitaciones,
un amplio pasillo, jardín,
gran terraza

Chalé en urbanización

nuevo, 4 dormitorios,
salón, comedor,
cocina grande,
2 baños,
pequeño jardín

B

C

17 Traduce a tu lengua.

Balcón: ....

Urbanización: ....

Comedor: ....

18 Lee estas frases relacionadas con los anuncios, encuentra los errores y corrígelas.

1. El salón del piso es pequeño.

....

2. El apartamento tiene terraza.

....

3. En el apartamento hay dos baños.

....

4. La cocina del chalé es pequeña.

....

19 Elige un anuncio y escríbelo con los verbos que faltan.

Ej.: *Es un piso precioso. Tiene 4 habitaciones, una cocina, un salón y un comedor.*
     El salón es grande. También hay un jardín y una gran terraza.

....

....

AHORA HABLA
expresión oral

20 ¿Qué cosas hay en tu mochila? ¿Cómo son? Habla con tu compañero. Él tomará notas.

Ej.: *En mi mochila hay un libro azul, dos bolígrafos, etc.*

21 Describe este cuadro con tus compañeros. El profesor escribirá vuestras frases en la pizarra.

La habitación de Van Gogh

22 "Veo, veo." Piensa en un objeto de la clase y di dónde está y cómo es. Tus compañeros tienen que adivinarlo.

Ej.: *Es verde y está detrás del profesor.* —¡Es la pizarra!

23 Mira el dibujo y haz preguntas a tu compañero utilizando ¿*cómo?*, ¿*cuántos?* y ¿*dónde?* Él tiene que responderlas.

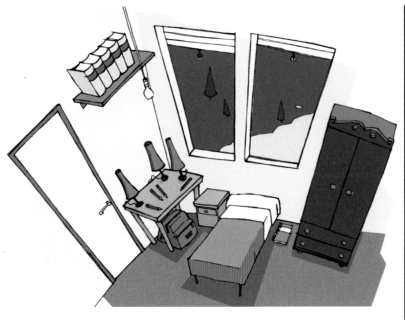

- ¿Cuántos libros hay en la estantería?
- Hay cinco libros en la estantería
  ....
- ....
- ....
  ....
  ....
- ....
- ....
  ....
- ....
- ....

24 Escucha y escribe cada número en el escenario del teatro.

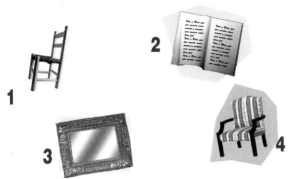

1
2
3
4

25 Escribe el nombre de cada objeto y la habitación donde está.

sofá
esta en el salon

el inodoro
esta en el cuarto de baño

la bañera
esta en la

la cama
esta en la dormitoria

La nevera
esta en la cocina

26 Escribe frases.

En la clase hay ...

- En la clase hay una puerta.

En la clase hay la reloj, ventana
puerta, verdes paredes, cortinas
mesita, cuadros, estanterias
planta

Mi habitación es ...

- Mi habitación es grande.

Es turquesa y morado
Es al lado el vestibulo
Es detras el salon

... está en / a ...

- La puerta está a la derecha de la pizarra.

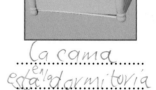

La planta está encima la mesa
La mesita está a la derecha de
la professora

En mi habitación no hay ...

- En mi habitación no hay dos ventanas.

En mi habitación no hay la moqueta,
la mesa, el espejo, el ordenador
la estanteria

UN POCO DE TODO

a jugar

27 Completa las palabras.

D O R M I T O R I O   L A V A D O R A   B A Ñ O   L Á M P A R A

FR E G A DE R O   S A L O N   C U A DR O   P A S I L L O

28 Busca las diferencias.

La cama es roja.

Hay dos sillas
Hay dos cuadros sobre la pared
Hay cinco libros grandes
Hay una lampara sobre la mesilla
de noche

La cama es amarilla.

Hay un sillon
Hay quatro libros pequenos
Hay no sillas
Hay un lampara en el techo

29 Busca en la sopa de letras seis palabras que has aprendido en esta lección. Todas tienen una "c".

B	A	L	C	O	N	N	O	H
R	B	L	A	N	C	O	R	A
A	P	Ñ	T	H	I	Y	S	B
L	R	E	H	I	O	N	I	I
E	I	E	A	M	Z	A	L	T
P	A	N	B	A	A	Z	N	A
I	A	C	O	C	I	N	A	C
Z	X	I	T	A	E	N	U	I
O	B	M	T	M	U	J	E	O
A	C	A	A	A	L	Ñ	S	N

24 veinticuatro

PARA TERMINAR
repaso y autoevaluación

30 Completa el texto con los verbos *hay, estar, ser* y *tener.*

Mi casa

En mi casa ...*hay*... tres dormitorios. ...*Son*... muy grandes. Mi casa ...*tiene*... dos cuartos de baño. En el salón ...*hay*... una mesa y cuatro sillas. La cocina ...*es*... pequeña y ...*está*... al lado del salón. En las paredes del pasillo ...*hay*... tres cuadros muy grandes. La pared de mi habitación ...*es*... amarilla y mi cama ...*es*... muy grande.

look for   *odd one out*

31 Busca la palabra intrusa.

cocina   baño   ~~ventana~~   salón

~~sofá~~   lavabo   bañera   ducha

mesilla   cama   ~~cocina~~   estantería

lámpara   cortina   cuadro   ~~dormitorio~~

32 Relaciona ambas columnas.

pequeño   blanco
negro   en el centro
alto   grande
a las afueras   suelo
techo   bajo

33 Completa las frases.

1. El color del cielo en un día de sol es ...*azul*...................................

2. Dos muebles que hay en la cocina y dos que hay en el dormitorio: ....

   flag   *cany*
3. Los colores de la bandera de tu país son: *azul y blanco*...................

4. El fregadero está en ...*la cocina*...........................

EL CUMPLEAÑOS DE LA ABUELA

Hablar de tu familia. Describir físicamente. Los meses del año. Las fiestas y las celebraciones. Los demostrativos. Los posesivos. La *g* y la *j*.

1 Julio nos presenta a su familia. Observa y lee.

> HOY ES EL CUMPLEAÑOS DE MI ABUELA MARÍA Y ESTA ES MI FAMILIA. MI PADRE LLEVA BIGOTE Y MI MADRE ESTÁ A SU LADO, ES MUY GUAPA, ¿VERDAD? LA NIÑA RUBIA ES MI HERMANA LAURA Y TOMÁS Y JAVIER SON MIS PRIMOS. TAMBIÉN ESTÁN SUS PADRES, MI TÍO JUAN Y MI TÍA SOLEDAD. MI TÍO ES HERMANO DE MI PADRE.

2 Mira el dibujo y completa las frases con las palabras del vocabulario.

1. María es la .....abuela..... de Julio, Laura, Tomás y Javier.
2. El señor que lleva .....bigote..... es el .....padre..... de Julio y Laura.
3. Julio, Laura, Tomás y Javier son .....primos.....
4. La madre de Julio y Laura es .....Celia.....
5. Laura es la .....hermana..... de Julio.
6. Soledad es la .....tía..... de Julio y Laura.

Vocabulario

abuelo / abuela *grandpa*
padre / madre *fath*
primo / prima *cousin*
hermano / hermana *brother*
tío / tía *uncle*
bigote *moustach*
rubio / rubia *blonde*

3 Escucha a Julio hablar de su familia. Cuidado, hay nuevos miembros.

1. Escribe el nombre de todos los miembros de su familia.

2. Escucha de nuevo y completa el árbol genealógico de la familia de Julio.

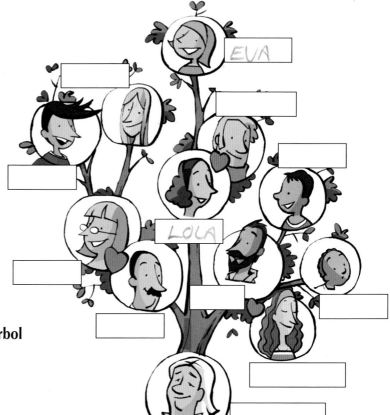

4 Completa con estas palabras.

tíos
cuñada
tía
prima
abuela

1. María es la ...abuela... de Julio.

2. Soledad es la ...cuñada... de Pedro.

3. Eva es ...prima... de Julio, Laura, Javier y Tomás.

4. Juan y Lola son los ...tíos... de Julio y Laura.

5. Celia es ...tía... de Eva.

5 Lee las frases. Después traduce oralmente las palabras y expresiones del cuadro.

1. Laura es hija de Pedro y Celia.

2. Tomás es sobrino de Pedro.

3. Celia es la cuñada de Juan.

4. Julio, Laura, Tomás, Javier y Eva son los nietos de María.

Sobrino.
Cuñado.
Nieto.
Estar casado/a.
Estar soltero/a.
Estar viudo/a.
Tener un hijo / una hija.

A TRABAJAR

léxico / gramática

¿Sabes?

Mi hermano   Mis hermanos
Tu madre   Tus padres
Su tía   Sus tías
Los posesivos indican pertenencia.

Ref. pág. 88-89

6 Escribe el árbol genealógico de tu familia.

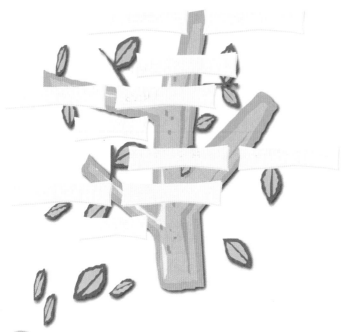

1. Escribe sobre tu familia siguiendo el ejemplo.

   Ej.: *Mi madre se llama Francisca y mi padre* ....

2. Mira el árbol de tu compañero y escribe los nombres de su familia.

   Sus hermanos son ....
   ....
   ....
   ....
   ....

7 Completa las frases con los demostrativos.

1. ..Esto.. es mi padre.
2. ESTA.. es mi madre.
3. ESTOS son mis hermanos.
4. ESTAS son mis primas.
5. ESTOS son mis abuelos.

¿Sabes?

Este es mi abuelo.
Esta es mi hermana.
Estos son mis primos.
Estas son mis tías.

Ref. pág. 89

8 Lee los textos, mira los dibujos y escribe el nombre de cada personaje junto a su descripción.

■ Es gorda, tiene el pelo blanco.
MARIA

■ Es bajo, tiene el pelo corto, rizado y pelirrojo.
JAVIER

■ Es alto y moreno. Lleva bigote.
PEDRO

Ref. pág. 87

Javier   Pedro   María

9 Mira la viñeta de la primera página y describe a estos personajes.

CELIA	TOMÁS	JUAN

Es ...*rubia*...

Tiene ...*el pelo Liso*...

ns

Lleva ...*gafas*...

Es ....*joven*....

Tiene ...*el pelo castaño*...

Es ....*alto*...

Tiene ...*el pelo corto*...

Lleva ...*bigote*...

10 Pregunta a tu compañero el día de su cumpleaños, señala la fecha en el calendario y escribe frases.

Ej.: *¿Cuándo es tu cumpleaños?*

Mi cumpleaños es el 16 de octubre. ¿Y el tuyo?

El mío es...

1. *Mi cumpleanos es el sies de enero*
2. ....
3. ....

Hazel 2 Dec
Frank 29 August
Anita 21 May
and yours?
Anja 23 Aug
Ja. 6 Ja.

L	M	X	J	V	S	D
				1	2	3
4	5	6	7	8	9	10
11	12	13	14	15	(16)	17
18	19	20	21	22	23	24
25	26	27	28	29	30	31

enero
febrero
marzo
abril
mayo
junio
julio
agosto
septiembre
octubre
noviembre
diciembre

Señala en el calendario cinco fiestas que se celebren en tu casa.

11 Relaciona ambas columnas.

1. Vuestros libros son azules.
2. Este señor alto es mi abuelo.
3. Mi prima es rubia.
4. Tus hermanos son muy guapos.
5. El cumpleaños de mi madre es en junio.

red haired
La mía es pelirroja.
Y los tuyos también.
Los míos son rojos.
El de la mía es en enero.
El mío es más bajito.

¿Sabes?

Un solo poseedor

Mi cumpleaños → El mío
Tu casa → La tuya
Su amiga → La suya

Varios poseedores

Nuestro primo → El nuestro OUR
Vuestra tía → La vuestra YOUR
Su casa → La suya

Ref. págs. 88-89

FÍJATE BIEN

ortografía / fonética: la g y la j

12 Escucha y repite. ¿Qué sonido es más fuerte?

gato – goma – guerra – jaula – julio – Gema

cat   rubber   war   birdcage

13 Escucha estas palabras.

goma

gato

gente

gimnasia

gusano

gorra

García

Gema

girar

gustar

ga = gue

gue = ge

gui = gi

1. Subraya con una línea las que tienen un sonido fuerte y con dos las que suenan más suave.

2. Escucha estas palabras. ¿Qué sonido es?, ¿escuchas la vocal "u"?

| guiño | guerra | guisante | merengue |

3. Completa la regla.

¿Sabes?

g + ...e..., ..i.... → (sonido fuerte)

g + ...u..., o, ..a.. → (sonido suave)

g + ue, ..ui.. →

14 Fíjate ahora en el sonido de las siguientes palabras.

junio jota jaula   Jerónimo Jiménez

1. ¿Cuál es? *fuerte*

2. Completa la regla.

¿Sabes?

j + a , ..u., .o, .e, .i.. → (sonido fuerte)

15 Escucha y escribe.

(Sonido fuerte)	(Sonido suave)
jirafa	*gato*
	gato
junio	*guisana*
javier	*goma*
jaimon	
gente	

30   treinta

TU LECTURA

16 Lee el texto.

En España se celebran muchas fiestas. Estas son algunas de las más importantes:

- El día 12 de octubre es el **Día de la Hispanidad;** con ella se celebra en toda España el Descubrimiento de América.

- El 25 de diciembre se celebra la **Navidad.** Este día los españoles se reúnen con su familia para comer. La Navidad es una fiesta muy importante para todos. La ciudad se ilumina con luces de colores.

- El **Día de Reyes** es el 6 de enero. Es la fiesta preferida por los niños porque ese día todos reciben muchos regalos. El Día de Reyes se celebra en toda España, como la Navidad.

- Cada pueblo y ciudad celebra su fiesta una vez al año. Hay fiestas locales muy famosas en España; por ejemplo, la **Feria de Abril** en Sevilla, los **Sanfermines** en Pamplona (allí la gente corre delante de los toros) o las **Fallas** en Valencia (es la fiesta del fuego).

17 Escribe el nombre de cada fiesta debajo de las fotos.

los Sanfermines

Dia de Reyes

La Navidad

Fallas en Valencia

Feria de Abril

18 Contesta a las preguntas.

1. ¿Qué fiestas se celebran en toda España? 12 oct, 25 Dec, 6 Jan

2. ¿En qué día se celebra el Descubrimiento de América? 12 de Octubre

3. ¿En qué fiesta hay toros? Los Sanfermines

4. ¿Qué fiestas son locales? La feria de Abril, Los Sanfermines y Las Fallas

19 Dile la fecha de una fiesta importante a tu compañero, él te dirá de qué fiesta se trata.

Ej.: *El 25 de diciembre / El 25 de diciembre se celebra la Navidad.*

20 Completa el árbol genealógico de Pilar. Pregunta a tu compañero. No mires su árbol.

Ej.: *¿Cómo se llama el padre de Pilar? / Se llama Emilio. ¿Y su madre? / Su madre se llama Mamen.*

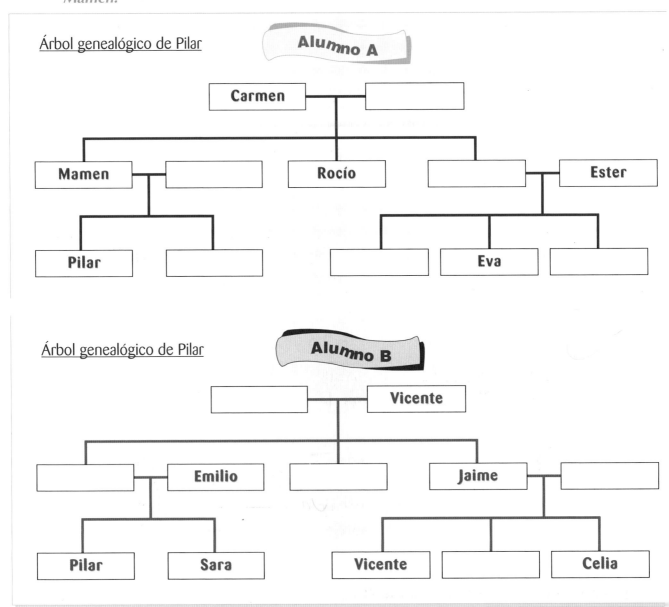

Árbol genealógico de Pilar — Alumno A

Árbol genealógico de Pilar — Alumno B

21 Para practicar los demostrativos y los posesivos, vuestro profesor os hará preguntas.

–¿De quién es esta silla? / Es suya.

–¿Y esta? / Esa es la mía.

Ref. págs. 88-89

22 Elige un grupo de música y escribe la descripción de cada componente.

Descripciones

1. *Elton John es gordo, bajo, calvo a veces*
2. *Lleva gafas grandes   Lleva a veces*
3. *peluca*
4. ....

English
England
America

ESTAR SOLTERO

next word ending

el pelo always masculine

23 Completa la tabla siguiendo el ejemplo.

Es...		Tiene el pelo...		Lleva...	
	alta *delgada* *rubia*		*lisa* *larga* *blanco*		*bigote*
	joven *bajo*		*larga* *liso*		*gafas*
	calvo *gordo* *bajo*		*rizado* *corto* *(pelirrojo)* *red hair*		*barba*

Ref. pág. 87

red hair

24 Infórmate y contesta a las preguntas.

1. ¿Cuándo es el cumpleaños de tu profesor?
2. ¿Qué compañero cumple años en octubre?
3. ¿Qué fiestas hay en tu país en marzo?
4. ¿Qué fiesta se celebra en España el 31 de diciembre?

UN POCO DE TODO

25 Completa el crucigrama.

1. El hijo de tus tíos es tu ....PRIMO..........
2. La madre de tu padre es tu ....ABUELA..........
3. La mujer de tu tío es tu ....TIA..........
4. La mujer de tu padre es tu ....MADRE..........
5. El marido de tu madre es tu ....PADRE..........
6. El hermano de tu padre es tu ....TIO..........
7. El marido de tu abuela es tu ....ABUELO..........
8. La hija de tus padres es tu ....HERMANA..........

26 Ordena las letras y encuentra la palabra escondida.

1. briou ....rubio..........
2. gadeldo ....delgado..........
3. dorog ....gordo..........
4. otla ....alto..........
5. renomo ....moreno..........
6. jabo ....bajo..........

27 Fíjate en el dibujo. Descríbelo y escribe lo contrario.

Descripción: El hombre es gordo, bajo y feo feo
es calvo en coronilla
Tiene el pelo negro y corto rizado

Lo contrario: El hombre es
delgado, alto y guapo
Tiene mucho pelo en coronilla
Tiene el pelo liso, blanco y largo

28 Ordena las palabras para formar frases.

1. De padre el es 25 de mi octubre cumpleaños el. El cumpleaños de mi padre es el 25 de octubre
2. Mi es hermana llama se esta; Susana. Mi hermana es esta se llama Susana
3. Compañero pelo mi corto y tiene moreno el. Mi compañero tiene el pelo moreno
4. Hijos y tiene está María con cuatro casado Juan. Juan esta casado con Maria y tiene cuatro hijos
5. Gafas su y pelo madre lleva el tiene rizado. Su madre tiene el pelo rizado y lleva gafas

This is my sister she is called susu
mi hermano es esta y se llama Susano

29 Relaciona ambas columnas.

both

Yerno — el hijo de mi tío

Nuera — la hija de la hija de mi abuelo

Primo — el padre de mi madre

Nieta — la mujer del hijo

Abuelo — el marido de la hija ✓

30 Completa las frases con los posesivos. *who it belongs to*

informal / su formal

1. ¿Cuándo es ..tu.. cumpleaños?
your
..Mi.. cumpleaños es el 3 de noviembre.

2. Mamá, ¿dónde están ..mis.. libros?
my
..Tus.. libros están encima de la mesa.
your

3. ¿Cómo se llama la hermana de Pedro?
(His) ..Su.. hermana se llama Rosa.
¡Qué casualidad! La ..mía.. también se llama Rosa.

31 Forma frases con las palabras de cada grupo.

esta			padres
estas	es	mi	hermano
este	son	mis	primas
estos			abuela

1. ....
2. ....
3. ....
4. ....

32 Pronuncia estas palabras y completa la tabla.

guepardo, girasol, guinda, golpe, geranio, gallina, gigante, aguja, gorila, pájaro, Juan, jota

[g] (Sonido suave)		[x] (Sonido fuerte)	
g + a, o, u	g + ue, ui	g + e, i	j + a, e, i, o, u

4 UN DÍA NORMAL Y CORRIENTE

Hablar de lo que haces habitualmente. Preguntar y decir la hora. El Presente de Indicativo. Los días de la semana. Los transportes. Las tareas de la casa. Las asignaturas. La *r* y la *rr*.

1 Observa y lee.

Por la mañana me levanto a las siete y cuarto y después me ducho.

Suelo desayunar con mis padres y con mi hermano a las ocho menos cuarto. Casi siempre tomo leche y tostadas, y a veces cereales.

Más tarde mi hermano y yo nos vamos al colegio. Salimos de casa a las ocho y diez más o menos y siempre vamos andando.

A las ocho y veinte llego al colegio. Las clases empiezan todos los días a las ocho y media.

2 Subraya las expresiones de frecuencia que aparecen en las frases.

Ordena las expresiones del recuadro.

Siempre .... Nunca

3 Escucha el horario de Pedro y marca las coincidencias con el siguiente horario.

Horas / Días	Lunes	Martes	Miércoles	Jueves	Viernes
9.00	Matemáticas	Francés	Inglés	Inglés	Historia
10.00	Lengua	Matemáticas	Geografía	Historia	Lengua
11.00	Inglés	Lengua	Música	Matemáticas	Educación física
12.00	Recreo				
12.30	Plástica	Educación física	Francés	Geografía	Plástica
13.30	Música	Historia	Historia	Lengua	Geografía
14.15	Francés			Plástica	Historia

Escucha de nuevo y contesta.

– ¿Qué día de la semana tiene Pedro matemáticas? ....

– ¿A qué hora tiene Pedro clase de lengua? ....

– ¿A qué hora es el mediodía? ....

– Los miércoles Pedro estudia geografía después de: ....

4 Escucha y marca con una cruz las horas que oigas.

 ☐

 ☐

 ☐

Por la mañana.
Por la tarde.
Por la noche.
Al mediodía.
Antes de.
Después de.
¿Qué hora es?

 ☐

 ☐

 ☐

A TRABAJAR

léxico / gramática

5 Escribe debajo de cada dibujo lo que hace Susana.

_____ _____ _____

_____ _____ _____

6 Relaciona las dos columnas.

me ducho
desayuna   tú
cenamos   yo
estudias   nosotros
escribe   él / usted
coméis   vosotros
viven   ellas
habláis

Lee y completa el ¿Sabes?

going to bed

jugar	acostarse	merendar
juego	me acuesto	meriendo
juegas	te acuestas	meriendas
juega	se acuesta	merienda
jugamos	nos acostamos	merendamos
jugáis	os acostáis	merendáis
juegan	se acuestan	meriendan

7 Completa las siguientes frases en presente.

1. Yo _juego_ *(jugar)* con mis amigos todos los días por la tarde.

2. Ella _hace_ *(hacer)* deporte los sábados y los domingos por la mañana.

3. Mis padres _se despiertan_ *(despertarse)* a las seis y media de la mañana más o menos.

4. A veces mi hermano y yo _nos merendamos_ *(merendar)* con nuestra abuela.

5. Yo nunca _veo_ *(ver)* la tele por la noche, prefiero leer un libro.

8 **¿Cuándo haces estas cosas? Señálalo con una cruz.**

	Todos los días	A menudo	A veces	Casi nunca	Nunca	Los fines de semana
Levantarte tarde						
Jugar con los amigos						
Dormir ocho horas						
Cenar en casa						
Escribir cartas						
Ir al colegio andando						

Escribe frases siguiendo el ejemplo.

Ej.: *Los fines de semana me levanto tarde.*

1. ....

2. ....

3. ....

4. ....

5. ....

9 **Escribe debajo de cada foto el nombre correspondiente.**

moto - metro - bicicleta - coche - autobús

bicicleta

autobús

moto

coche

metro

10 **Escucha y escribe cómo van al colegio los siguientes niños.**

Pedro va ..en coche.. Juan va ..en autobus y metro.. María va ..andando..

Antonio va ..en bicicleta.. Luis va ..en moto..

¿Cómo van tus amigos al colegio? Pregunta a tres compañeros y escribe sus respuestas.

1. .... va al colegio ....

2. ....

3. ....

11 **¿Qué sueles hacer un día normal?**

Por la mañana ....

Al mediodía ....

Por la tarde ....

Por la noche ....

¿Sabes?

Soler + Infinitivo = hacer algo habitualmente.
Ref. pág. 91

12 Escucha estas palabras y señala cuáles tienen un sonido más fuerte.

rubio ☐ – cara ☐ – toro ☐ – perro ☐ – israelí ☐ – Enrique ☐ –
horrible ☐ – alrededor ☐ – hierro ☐ – revolución ☐ – error ☐ – salir ☐

1. Clasifica las palabras según su sonido.

Sonido más fuerte	Sonido más débil
....	....
....	....
....	....
....	....

2. Ahora, completa la regla.

¿Sabes?

- *rr* y *r* a principio de palabra o detrás de *l*, *n*, *s* ➡ sonido ....
- *r* dentro o al final de la palabra ➡ sonido ....

13 Escucha y repite en voz alta.

ratón   caro   tierra   rojo   amarillo   libro   regla   ruso   Manrique   ir

14 Lee en voz alta estos dos trabalenguas.

Tres tristes tigres
comen trigo en un trigal.

El perro de san Roque
no tiene rabo
porque Ramón Ramírez
se lo ha cortado.

15 Escucha estas palabras y subraya la sílaba tónica.

hermano	amigo	casa	televisión	blanco
balcón	azul	árbol	reloj	página

16 Carlos está de vacaciones. Lee la carta que le escribe a su familia.

La Rioja, 7 de agosto

Queridos papá y mamá:

¿Cómo estáis? Yo estoy muy bien. Este campamento es muy divertido, hacemos muchas cosas. Nos levantamos muy temprano, a las ocho, desayunamos y hacemos la limpieza: yo barro la habitación, mi amigo Pablo hace las camas y Raúl friega el suelo. Lavamos la ropa en la lavandería una vez a la semana. A las once vamos a clase de inglés. Más tarde, hacemos deporte y nos bañamos en la piscina. A las dos comemos y después quitamos la mesa y fregamos los platos. Por la tarde paseamos cerca del campamento: el paisaje es precioso. A las nueve cenamos y antes de acostarnos jugamos alrededor del fuego.

Tengo muchos amigos.

Hasta pronto. Muchos besos para todos,

Carlos

17 Fíjate en la carta y relaciona las palabras de las columnas. Después escribe debajo de cada dibujo la acción que representa.

Barrer   los platos
Fregar   el suelo
Lavar   la mesa
Poner / Quitar   la ropa
Hacer   la cama

18 Contesta. ¿Qué hacen Carlos y los chicos del campamento...

por la mañana? ....

por la tarde? ....

por la noche? ....

19 Carlos lava su ropa una vez a la semana. Escribe dos actividades que tú sueles hacer en casa.

....

....

AHORA HABLA
expresión oral

20 Elegid una de estas situaciones y contad a vuestros compañeros qué soléis hacer. Ellos tienen que adivinar de qué situación se trata.

un día de Navidad

un día de colegio

un día de vacaciones

un sábado por la tarde

21 ¿Ayudas en casa? Di con qué frecuencia. Pregunta a tu compañero según el ejemplo.

> ordenar la habitación / hacer la cama / poner la mesa / fregar los platos / barrer el suelo / planchar / limpiar el polvo

Ej.: *Yo ordeno mi habitación a menudo. Y tú, ¿con qué frecuencia ordenas la habitación?*

22 Escucha las preguntas y contesta al resto de la clase.

23 Completa el horario preguntando a tu compañero y sin mirar el suyo. Después contesta a sus preguntas.

Alumno A

Horas \ Días	Lunes	Martes	Miércoles
9.00	Matemáticas		Música
9.55		Historia	
10.45	Geografía		Geografía
11.35	Recreo		

Alumno B

Horas \ Días	Lunes	Martes	Miércoles
9.00		Inglés	
9.55	Lengua		Educación física
10.45		Plástica	
11.35	Recreo		

escoreres

24 Imagina que tienes un amigo en España, escríbele una carta contándole lo que haces habitualmente. Habla de tus hábitos, tus horarios en el colegio, etc.

25 Lee este texto sobre los horarios y algunas costumbres españolas.

En España, las tiendas abren por la mañana a las diez y cierran a las dos. A las cinco abren otra vez y cierran a las ocho y media. Algunas tiendas están abiertas todo el día.

Los españoles suelen desayunar a las ocho y empiezan a trabajar a las ocho y media o a las nueve. Las dos o dos y media es la hora de la comida más importante en España. Algunos duermen la siesta y otros vuelven al trabajo y salen a las seis o las siete.

Por la noche solemos cenar a las nueve o las diez y nos acostamos tarde.

En grupos, escribid un texto similar que presente los horarios y las costumbres de vuestro país.

26 Dibuja la hora en tus relojes. Tu compañero tiene que escribir las horas que tú has dibujado.

Alumno

1 ....

2 ....

3 ....

4 ....

Alumno

1 ....

2 ....

3 ....

4 ....

UN POCO DE TODO

a jugar

27 Escribe debajo de cada dibujo el nombre de la asignatura correspondiente.

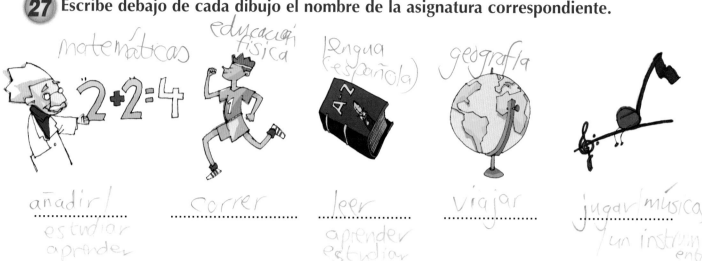

matemáticas   *educación física*   *lengua (española)*   *geografía*

añadir/   corren   leer   viajar   jugar/música/
estudiar   aprender   un instrum
aprender   estudiar   ento

28 Completa el crucigrama con los verbos en presente.

1. Estudiar, yo
2. Acostarse, nosotros (2 palabras)
3. Vivir, él
4. Ir, vosotros
5. Estar, tú
6. Salir, ustedes
7. Comer, nosotras
8. Hacer, yo
9. Desayunar, ella
10. Empezar, vosotras

Crucigrama:
6 ↓
5 → E S T A S
10 → e m p e z a i s
1 → e s t u d i o
    n
7 ↓   3 → V I V e   9 ↓ D
2 → m o s a c o s t a m o s   s
    o   4 → V A I S   a
    m   y
    e   u
    m   n
    o   8 → H A G O
    s

29 Ordena las letras y tendrás palabras que has aprendido en esta lección.

1. snlue   *lunes*
2. godimno   *domingo*
3. rbarer   *barrer*
4. yedsauanr   *desayunar*
5. ortem   *metro*
6. otmo   *moto*

PARA TERMINAR
repaso y autoevaluación

30 Escribe tres cosas que haces…

A veces	Todos los días	Nunca
bebo mucha sangria	barre(o) el suelo	fumar (o) cigarillos
desayuno con los amigos	voy en coche	bebo café con los amigos
entienda mi losdeberes mis	ordeno mi habitacion	frio comida

Una vez al mes	Los fines de semana
tengo tinte pard el pel (mi)	correr corro 5km
cortarse el pelo me corto	hablo con los amigos en Escocia
escribo cartas de los amigos	con mi familia nosotros
	visitamos a alguna parte nueva

31 Completa los diálogos.

1.–¿ A Que hora te levantas ?
   –Me suelo levantar a las 7 menos cuarto.

2.–¿ Que hora es ?
   –Son las diez y media.

3.–¿Qué haces por la tarde?
   –A veces ......leo...... un libro y después ......Como...... con mis amigos.

4.–¿Cómo vas al colegio?
   –......Voy en coche...... Voy andando al colegio

32 Completa las frases.

1. Juan (fregar) ...friega... los ...platos... por la tarde.
2. Mis hermanos (levantarse) ...se levantan... a las ocho y media.
3. Después del miércoles viene ...el jueves...
4. Tú (hacer) ...haces... deporte en clase de ...gimnasia...

33 Escribe las siguientes horas.

Son las

de la madrugada (in the early morning)
de la tarde (afternoon/evening)
de la noche (night)

A. 17:30 ...cinco y media...
B. 23:05 ...once y cinco...
C. 22:35 ...once menos veinticinco...
D. 9:00 ...nueve de la mañana... (en punto)
E. 8:45 ...nueve menos cuarto...
F. 19:50 ...ocho menos diez...

34 Escucha y completa con *r* o *rr*. Después marca la sílaba tónica.

......ato / ce......ebro / te......or / democ......acia / hon......a

5 DE COMPRAS

Pedir un producto y preguntar su precio. Comparativos. Imperfecto de cortesía y Condicional. Alimentos y envases. La ropa. La //y la y. Los signos de interrogación y exclamación.

1 Observa y lee el diálogo.

2 Rellena las casillas vacías con las palabras del vocabulario.

Vocabulario

naranjas	manzanas
salchichas	huevos
pan	peras
azúcar	frutería
melón	panadería
café	leche

46   cuarenta y seis

PARA EMPEZAR

3 Escucha y señala los productos que compra Adrián.

1.

–Hola, buenos días. ¿Qué quería?

–Quería un kilo de tomates.

–¿Algo más?

–Sí. ¿Tiene naranjas?

–Sí.

–¿Cuánto valen?

–1,5 euros el kilo.

–Pues... me llevo dos kilos.

2.

–¡Hola! ¿Qué deseaba?

–Quería una docena de huevos.

–¿Algo más?

–Sí, una botella de leche.

–Aquí tiene. ¿Algo más?

–No, nada más. ¿Cuánto es todo?

–Son... 3,5 .

3.

–¡Buenas! Quería una barra de pan, por favor.

–Aquí tiene. ¿Desea algo más?

–No, gracias. ¿Cuánto es?

–40 céntimos.

`Ref. págs. 92-93`

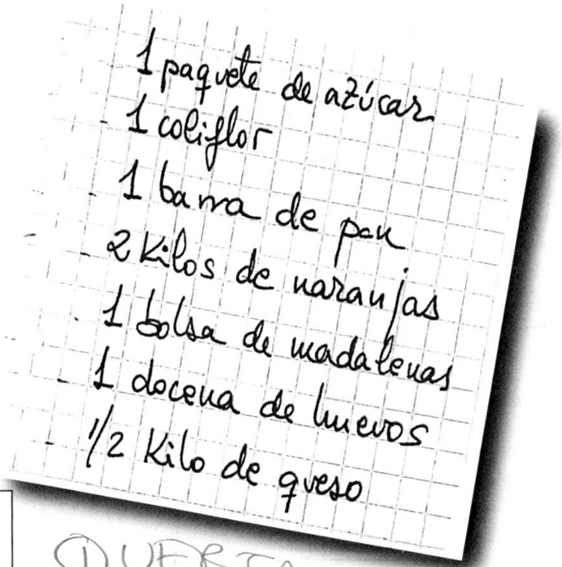

(handwritten) I would like want querer (quería)

(handwritten note)
- 1 paquete de azúcar
- 1 coliflor
- 1 barra de pan
- 2 kilos de naranjas
- 1 bolsa de madalenas
- 1 docena de huevos
- 1/2 kilo de queso

¿Cómo pides los productos señalados? Escríbelo.

(handwritten) QUERÍA

(handwritten) una barra de pan / un paquete de galletas

(handwritten) Quería una tableta de chocolate / Paquete de harina

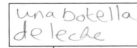
(handwritten) una botella de leche

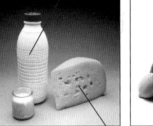
(handwritten) media kilo de queso

(handwritten) una coliflor / un kilo de guisantes (peas)

4 Lee los diálogos anteriores y escribe las expresiones que se utilizan para:

(handwritten) ask for

Pedir un producto.

....

Preguntar si tienen un producto.

....

Preguntar el precio de algo.   *(handwritten)* Information

....

Preguntar el precio total de lo que compramos.

....

(box, handwritten annotations)
I would like / Information / Do you have / Have

Quería / Deseaba...
¿Tiene...?
¿Cuánto vale?
¿Cuánto cuestan?
¿Cuánto es?
De nada.
Por favor...

A TRABAJAR

léxico / gramática

5 Fíjate en estas tiendas. Escribe dos productos que puedas comprar en cada una de ellas.

frutería

una coliflor

pescadería

medio kilo de salmón rosado

ultramarinos

una botella de leche

panadería

una barra de pan

carnicería

un kilo de

6 Escucha con atención. Marta quiere comprar unos pantalones.

1. Ordena el diálogo.

–Bueno, me los llevo. Tenga.
–Gracias.
–Adiós.
–Adiós, buenos días.

–¿Cuánto valen?
–Pues… estos cuestan 35 €.
 expensive
–¡Uf!, son un poco caros.
 ¿Tiene otros más baratos?
 cheaper
–En este momento, no.

–Hola, querría unos pantalones
 vaqueros. jeans ①
–¿De qué talla? size
–De la 38, por favor.
–Aquí tienes.
 Here you are

2. Escucha de nuevo el diálogo y comprueba.

¿Sabes?

Imperfecto de cortesía = Condicional

–¿Qué quería?
–Quería / querría unos pantalones vaqueros.
Ref. pág. 93

unos zapatos → zapatería
un cuaderno → papelería
un abrigo → boutique
un libro → librería

(handwritten top margin) manga larga – long sleeves / manga corta – short sleeves

(handwritten top right) estampada > more than one color / liso > one colour / ang

7 Escucha con atención, observa las fotografías y completa.

Carlota lleva un vestido .....*gris*....., un pañuelo ....*rosa*....., un sombrero ....*negro*.... y zapatos de tacón ....*negros*.....

David lleva un traje ....*verde*....., una camisa de algodón ....*blanca*...., una corbata de tonos ....*azulados*.... y unos zapatos ....*marrones*.....

(handwritten) oscuros / dark colour / claro / garnet (light)

Marisa lleva una falda estampada ....*roja*...., una blusa de seda ....*blanca*.... y una chaqueta ....*verde azulado oscuro*.... También lleva unas botas ....*negras oscuras*....

Manuel lleva una sudadera ....*roja*.... unos ....*pantalones*.... vaqueros y unas ....*deportivas*....

(handwritten) sueter / jersey

Ahora, mira estos dibujos y escribe el nombre de cada prenda.

brigo de lana

(handwritten) nas botas / marrón

(handwritten) un sombrero / una falda

(handwritten) un corbata estampa / una camisa

(handwritten) bufanda de lana / un pañuelo

¿Sabes?

Superioridad:
Más + adjetivo + **que** *more*
La camisa blanca es más cara que la negra.

Inferioridad:
Menos + adjetivo + **que** *less than*
El pantalón azul es menos elegante que el marrón.

Igualdad:
Tan + adjetivo + **como** *as*
La falda verde es tan bonita como la amarilla.
Ref. pág. 92

8 Observa los dibujos y escribe frases siguiendo el ejemplo.

Ej.: *El pañuelo es <u>más</u> barato <u>que</u> el sombrero.*

1. *El pañuelo es mas bonita que la corbata* *(handwritten: cheap)*
2. *El sombrero es mas barato que las botas*
3. *El abrigo es mas cara que la corbata*
4. *La camisa es tan luminosa como la corbata*

9 Mira las prendas de los dibujos y escribe cuáles te parecen...

un poco caras ....*Las botas son*....

muy bonitas ....*Las niñas son*....

un poco feas ....*Las botas son*....

muy baratas ....*Los bonos de pan sn*....

¿Sabes?

Un poco ≠ muy
El sombrero es muy caro.
La corbata es un poco fea.
Ref. pág. 93

FÍJATE BIEN

10 Fíjate en la pronunciación de las siguientes palabras.

playa llave amarilla oye ella ayer pajarillo anteayer

1. ¿Escuchas alguna diferencia entre la *ll* y la *y*?

2. Escucha estas mismas palabras pronunciadas por un argentino.

¿Sabes?

Para la mayoría de los hablantes de español, la **y (i griega)** y la **ll (elle)** se pronuncian igual.

Solo algunas zonas mantienen la diferencia en la pronunciación.

¿Sabes?

Se escriben con **y**:

Las palabras que acaban en *[i]* precedida de otra vocal: *Paraguay, soy, ley, rey, muy.*

Algunas formas de los verbos *caer, leer, creer, oír* y de los acabados en *-uir: huyendo, leyendo, oyeron.*

Se escriben con **ll**:

Las palabras terminadas en *-illa* e *-illo: mesilla, pajarillo, cigarrillo.*

Casi todos los verbos que terminan en *-illar, -ullar* y *-ullir: apolillar, patrullar, escabullir.*

11 Completa estas frases con *ll* o *y*.

1. El cigarri......o estaba sobre la mesi......a.

2. Un pajari......o de color amari......o.

3. Esto...... le......endo un libro de le......es.

4. So... mu... alto; más que tú.

¿Sabes?

Los signos de interrogación (¿ ?) y de exclamación (¡ !) se colocan al principio y al final de la frase.

12 Escucha las frases y escribe los signos de interrogación y exclamación cuando sea necesario.

Anda	Hola	Dónde vives
Cuánto vale ese vestido	Hola, Silvia	Es la una
Tienes un gato marrón	Estos son tus amigos	Mira, María

13 Escucha las frases y repítelas con la entonación adecuada.

1. ¿Qué tal? ¿Cómo estáis?
2. ¡Hombre, hola!
3. ¿Cuántos hermanos tienes?
4. ¡Qué bien!
5. ¿Nos vamos?
6. ¿Cuánto es?

TU LECTURA
comprensión lectora

14 Lee con atención el texto.

VESTIDOS PARA LA OCASIÓN

No nos vestimos todos los días de la misma manera. Actualmente, la ropa es un elemento muy importante que forma parte de nuestra imagen.

Para cada ocasión nos vestimos con un tipo de ropa diferente. No es lo mismo vestirse para ir al colegio que vestirse para asistir a una boda o una fiesta de fin de curso. Cuando vamos al colegio lo más importante es estar cómodos con la ropa que llevamos, pero si vamos a una ceremonia queremos ir elegantes y guapos.

Hay ropa moderna, clásica, deportiva, elegante, de fiesta, etc. Y cada uno debe encontrar su propio estilo para cada ocasión.

15 ¿Entiendes todas las palabras del texto? Resume su contenido.

....

....

....

....

16 Busca en el texto cuatro palabras para calificar la manera de vestir de las personas de las fotografías.

1. _Deportivas_

2. _Deportivas_

3. _Elegante_

4. _Clásica_

AHORA HABLA

17 Dile a tu compañero tres lugares diferentes a los que vas a ir; él te dirá la ropa que debes llevar.

Ej.: *Voy al gimnasio → Debes ponerte un chándal y zapatillas de deporte.*

18 Quieres comprar una camiseta y una gorra. Establece un diálogo con tu compañero. No olvides hablar de...

La talla

El precio

Otras características...

19 Compara a estas personas. Utiliza los adjetivos para la descripción física de la lección 3.

JUAN

MARCOS

ANA

CAROLINA

20 Estás en un supermercado y necesitas varias cosas.

1. Escribe las cantidades que necesitas de cada una.

Alumno	Alumno
- *kilo* de manzanas	- *Dos kilo* de plátanos
- *litre* de leche	- *una litre* de cola
- *paquete* de azúcar	- *bara* de pan
- *una* lechuga *lettuce*	- *litre* de aceite
- *barra* de pan	- *kilo* de patatas

2. Pídelas a tu compañero y pregunta su precio.

3. Responde a las preguntas de tu compañero. Inventa tus respuestas.

AHORA TÚ

21 ¿De quién se trata? Describe a alguien de la clase. Tu compañero dirá quién es.

Puedes utilizar pistas como estas:

Lleva una camiseta blanca.

Tiene pantalones vaqueros.

Lleva puesto un jersey rojo.

Tiene zapatos negros.

Su falda es azul.

22 Escribid cuatro frases sobre vuestros compañeros con *muy* o *un poco*.

Ej.: *María es muy alta.*

1. ....

2. ....

3. ....

4. ....

23 Escucha las preguntas y escribe tus respuestas.

1. ....

2. ....

3. ....

4. ....

5. ....

24 Completa el diálogo.

–Hola buenas tardes

–Hola, buenas tardes. ¿Qué quería?

–Quería una botella de leche

–Aquí tiene su botella de leche. ¿Algo más?

–Sí, unos huevos

–Sí, ¿cuántos quiere?

–Una docena

–Aquí tiene. ¿Algo más?

–Pan porfavor

–Tenga usted. ¿Alguna cosa más?

–No gracias. Nada mas quanta es

–Todo son 8 euros.

UN POCO DE TODO

25 Busca la palabra intrusa.

1. camisa   botas   falda   chaqueta
2. plátano   pera   patata   manzana
3. azúcar   leche   agua   vino

26 Relaciona las columnas.

1 paquete de	leche
1 lata de	huevos
1 barra de	refresco
1 botella de	pan
1 kilo de	azúcar
1 docena de	manzanas

27 Sopa de letras. Mira los dibujos y encuentra el nombre de las tiendas donde se compran.

E	P	A	P	E	L	E	R	I	A
O	R	A	L	A	N	C	O	E	A
R	A	P	N	T	H	I	U	I	B
A	Z	A	P	A	T	E	R	I	A
I	E	I	E	A	D	E	A	L	T
P	P	O	N	B	T	E	Z	N	A
P	I	A	E	U	C	I	R	A	C
D	Z	O	R	T	A	E	N	I	I
O	O	F	M	T	M	U	J	E	A
A	I	R	E	D	A	C	S	E	P

28 Mira los dibujos de la página 49. Relaciónalos con estas descripciones.

– color liso ....   – a cuadros ....

– de lana ....   – de flores ....

29 **Completa los diálogos.**

1.
– *¿Cuánto es?*
– *¿Cuánto cuestan los huevos?*
–Son 5 €

2.
– *¿Tiene usted huevos?*
–Sí, ¿cuántos quiere?
– *Quiero doce*

3.
–¿Cuánto valen?
– *Once €*

4. *Que quería*
– *¿Que clase de falda y que tamaño quiere?*
–Una falda de rayas de la talla 38.
Aquí tiene. ¿Algo mas?
–Sí, deseaba probarme unos vaqueros.

Size de objeto *talla* *Size de ...*

30 **Escribe el nombre de las tiendas donde puedes comprar las siguientes cosas.**

aceite	*Ultramarinos*	manzanas	*fruteria*
salchichas	*Carniceria*	lechugas	*fruteria*
un vestido	*Tienda de ropa*	un cuento	*Papeleria* *children*
yogures	*Supermercado*	galletas	*Panaderia* *book*

31 **¿Qué tipo de comparación hay en estas frases?**

1. Eres tan alto como tu compañero (.....................................).
2. Sonia es más guapa que María (.....................................).
3. Tus zapatos son menos bonitos que los míos (.....................................).

32 **Escribe cuatro frases utilizando estas palabras.**

camiseta - abrigo - supermercado - chorizo

1. ....
2. ....
3. ....
4. ....

33 **Completa con *y* o *ll*. Utiliza el diccionario si es necesario.**

le......endo   e......a   ......uvia   desa......unar

ca......e   o......e   ......amar   casi......a

6 HOY COMEMOS FUERA

Pedir en un restaurante. Expresar gustos. Comidas y platos. *Gustar, encantar. Mucho / poco.* Superlativos en *-ísimo.* La *c / z,* la *q* y la *h.*

1 Observa y lee.

> A MÍ NO ME GUSTA LA SOPA, QUIERO ENSALADA.

> YO, DE PRIMERO, QUIERO SOPA DE VERDURAS.

> ¿QUÉ VAN A TOMAR?

Menú del día

Primeros
Sopa de verduras
Ensalada mixta
Arroz a la cubana

Segundos
Bistec con patatas
Pescado a la plancha
Pollo asado

Postres
Flan
Fruta
Tarta de chocolate
Helado

Pan, bebida y café incluidos. 9 €

2 Escribe el nombre de cada comida. Elige las palabras del vocabulario.

filete con patatas

pollo asado

arroz a la cubana

tarta de queso

Vocabulario

tortilla
puré de verduras
filete con patatas
pollo asado
arroz a la cubana
tarta de queso
helado de nata y chocolate
pescado a la plancha

3 Escucha y completa la tabla.

	Pablo	Su madre	Su padre
De primero			
De segundo			
De postre			
Para beber			

Don't want anything for desert
No quiero nada de postre

Carta

Primeros
Verdura a la plancha
Ensalada mixta

Segundos
Pescado frito
Filete de ternera
Patatas con carne

Postres
Flan
Natillas
Fruta

Bebidas
Vino
Cerveza
Refrescos
Agua

Lee el diálogo y comprueba tus respuestas.

Camarero: ¿Qué van a tomar?

Madre: Yo, de primer plato, quiero verdura a la plancha y de segundo, filete de ternera.

Camarero: ¿Y usted, señor?

Padre: Pues… yo ensalada mixta y después pescado frito.

Pablo: Yo también quiero ensalada, y de segundo, patatas con carne.

Camarero: ¿Y para beber?

Padre: Una botella de agua y… ¿tú qué quieres, Pablo?

Pablo: Yo, un refresco de limón.

Camarero: ¿Qué tal todo?

Madre: Todo está muy bueno, gracias.

Camarero: ¿Qué quieren tomar de postre?

Padre: Yo quiero fruta de temporada.

Pablo: Yo quiero un flan, por favor.

Camarero: ¿Y para usted, señora?

Madre: Para mí, unas natillas.

Padre: Por favor, ¿nos trae la cuenta?

Camarero: Sí, aquí tiene. *here ya are*

Padre: Muchas gracias.

¿Nos puede traer la carta?

¿Qué van a tomar?

De primero / de segundo / de postre.

can you bring the bill.
Por favor, ¿nos trae la cuenta?

¿Qué le debo? *Quiero pagar* *I want to pay*

¡Que aproveche! *Have a good meal*

A TRABAJAR

4 Escucha y lee este diálogo. Subraya el verbo *gustar*. ¿Por qué aparece a veces en singular y otras en plural?

....

¿Sabes?

(A mí)	me	
(A ti)	te	
(A él / ella / usted)	le	
(A nosotros)	nos	gusta / gustan
(A vosotros)	os	
(A ellos / ellas / ustedes)	les	

(A ti) te gusta el cine.
(A ella) le gusta leer.
(A ellos) les gusta el fútbol.
(A nosotras) nos gustan los helados.

> A mí me encanta la carne, especialmente asada. Me gustan mucho las ensaladas, y de postre me gusta tomar fruta. ¿Y a ti?, ¿qué comida te gusta?

> A mí no me gusta la carne; prefiero el pescado. Me gustan sobre todo las sardinas. ¡Ah! Y no me gusta nada la fruta. De postre me gusta tomar flan de huevo.

5 Señala lo que te gusta.

Pref.

Comidas

Vegetals

verdura ❑ - carne ❑ - pescado ❑
- helados ❑ - pizza ❑ - pasta ❑
- hamburguesas ❑ - flan ❑ - arroz ❑
- ensalada ❑ - sopa ❑

Bebidas

leche ❑ - refrescos ❑ - zumos ❑ - té ❑
- chocolate ❑ - agua ❑

Escribe frases indicando lo que te gusta y lo que no te gusta, si te gusta mucho, poco o nada. Fíjate en el *¿Sabes?*

Ej.: *Me gusta mucho la carne pero no me gusta el pescado.*

....
....
....
....

¿Sabes?

Me encanta/-an
Me gusta/-an mucho ☺
Me gusta poco

Ihate

No me gusta/-an mucho
Odio + Infinitivo ☹
No me gusta/-an nada

¡Ojo! — Be careful
Me encanta ~~mucho~~ la música.

6 **Escribe frases siguiendo el ejemplo.**

Ej.: *María / gustar nada / el fútbol.*
A María no le gusta nada el fútbol.

1. Mis padres / encantar / comer fuera
A mis padres les encanta comer fuera

2. Nosotros / gustar mucho / los animales
A nosotros *nos* gustan mucho los animales

3. ¿Vosotros / gustar / las vacaciones?
A vosotros gustan las vacaciones

4. Usted / no gustar nada / cenar tarde
A usted no les gusta nada cenar tarde

5. Tú / odiar / la pasta
A tú odias la pasta

7 **Pregunta a tu compañero si le gusta lo mismo que a ti. Sigue la estructura indicada en el ¿Sabes?**

Ej.: *–A mí me encantan los helados, ¿y a ti?*
–A mí también.

8 **Escribe el nombre de cada cosa.**

✓ Un plato   Una jarra ✓
✓ Un mantel   Un vaso ✓
✓ Una cuchara   Una taza ✓
✓ Un cuchillo   Una servilleta ✓
✓ Un tenedor

una servilleta
un vaso
una cuchara
un tenedor
un cuchillo
un plato
un mantel
un salvamantel.

una taza   una jarra

9 **Escribe el superlativo de estos adjetivos. Después, escribe una frase con cada uno.**

Ej.: *bueno: buenísimo → Todo está buenísimo.*

aburrido .... → Escribir Todo Fine (es) está aburridísima
barata .... → la manzana Toda está baratísimas
sosos .... → Melón Todos están sosísimos
elegantes .... → Los zapatos Todos son elegantísimas
sabrosas .... → Todas están sabrosísimas

es is in general
esta are long or describy food

FÍJATE BIEN

ortografía / fonética: la c / z, la q y la h

10 Escucha estas palabras.

hola almohada hoja humo hache

11 Escribe y lee en voz alta otras tres palabras con *h* en español.

....

12 Escribe las letras que faltan en estas palabras. Escucha y comprueba.

q...ien   ...asa   ...ueso   ...olegio   q...e   ...uchara

Completa el ¿Sabes?

¿Sabes?

$$[k] \begin{vmatrix} c + a, ..., ... \\ qu + ..., ... \end{vmatrix}$$

13 Escucha estas palabras. Después completa el ¿Sabes?

zapato – **zorro** – **cocina** – **azul** – cero –
marzo – gracias

¿Sabes?

$$[\theta] \begin{vmatrix} ..... + e, i \\ ..... + a, o, u \end{vmatrix}$$

14 Escucha y escribe las palabras que oigas.

1. hermano
2. zumo
3. zapatería
4. (hacer)
5. cecina
6. quien
7. aquella
8. (haber)
9. zueco
10. Achillo
11. almohado
12. horno
13. historia
14. zero
15. azul
16. cien

15 Lee en voz alta el siguiente trabalenguas.

Cien pares de zapatos azules zapateando en la cocina
hacen doscientos zapatos azules zapateando en la cocina.

TU LECTURA

Comer fuera

16 Lee el texto.

España tiene fama de ser un país donde se come muy bien. La cocina española es rica y variada: carnes, pescados, ensaladas, legumbres y mariscos son productos habituales en nuestra alimentación.

Los españoles no necesitamos una ocasión especial para salir a comer, a cenar o a tomar unas tapas fuera de casa. Durante la jornada de trabajo es habitual comer en el restaurante más próximo el menú del día. Los fines de semana, la gente suele reunirse con los amigos en una taberna o en un bar y comer en un ambiente informal y animado. Otras veces, cenamos en un restaurante con la familia o los amigos.

En España podemos encontrar desde una sencilla taberna hasta un restaurante de lujo, pasando por un mesón tradicional, una cafetería o un local de comida rápida. Cada lugar tiene unas características y un ambiente diferentes.

environment

luxury

17 Encuentra en el texto las palabras que corresponden a estas definiciones.

1. Alimento que se toma como aperitivo acompañando a una bebida.
   tapa

2. Animales del mar. No es un pescado.
   marisco

3. Local sencillo decorado de manera tradicional en el que se sirven comidas y bebidas.
   mesón tradicional

4. Comida que ofrece un restaurante cada día por un precio económico.
   Menú del día

5. Local donde se cocina comida para consumir en poco tiempo (hamburguesas, bocadillos, etc.).
   Un local de comida rápida

18 Mira las fotos y escribe el nombre de cada local.

restaurante de lujo

un local de comida rápida

un mesón tradicional

19 ¿Qué locales hay en tu país para comer? ¿Son parecidos a los de España?

20 Escribid una lista de las comidas y bebidas que os gustan y que no os gustan.

Grupo A		Grupo B	
☺	☹	☺	☹
....	....	....	....
....	....	....	....
....	....	....	....
....	....	....	....
....	....	....	....

Pregunta al equipo contrario y anota sus respuestas en la tabla. Sigue el ejemplo.

Ej.: –*A nosotros nos gustan la carne y la fruta. ¿Y a vosotros? ¿Os gustan la carne y la fruta?*

–*A nosotros también nos gustan.*

–*A nosotros nos gusta el pollo...*

21 En grupos de tres. Escribid vuestro menú ideal.

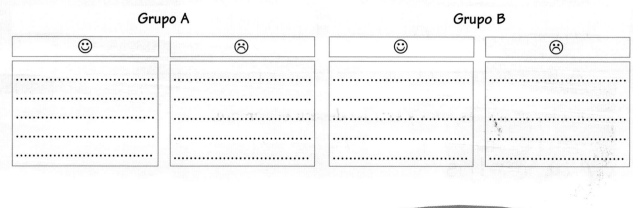

CASA MANOLO

Menú del día

Primeros

....
....
....

.... €

Pollo con patatas

....
....

Postres

....
....
....

.... €

Agua mineral

....
....

.... € (total)

Representad el diálogo en el restaurante para pedir los platos, las bebidas y la cuenta.

22 Escucha y completa la tabla.

	Le encanta/-an	Le gusta/-an	No le gusta/-an	No le gusta/-an nada
1.				
2.				
3.				

23 Mira las siguientes fotos y escribe debajo el nombre.

un /el flan

una /la tortilla

una /la ensalada mixta

un /el crepe
una la tortilla
francesa

un /el chorizo

unos/los macarrones

/el jamón serrano.

Forma el superlativo de estos adjetivos y escribe frases con las comidas anteriores.

riquísimo sabrosísimo saladísimo sosísimo buenísimo dulcísimo friísimo

| rico | sabroso | salado | soso | bueno | dulce | **frío** |

Ej.: *Friísimo. El flan está friísimo.*

....

....

....

24 Con tu compañero, escribe un desayuno, una comida y una cena típicos de tu país.

- Para desayunar tomamos ...... tostadas ....

- Para comer tomamos ....

- Para cenar ....

UN POCO DE TODO

25 Ordena las letras y escribe cuatro cosas que se ponen en la mesa para comer. Después forma un superlativo con las letras de las casillas.

nedetor ....

talmen ....

....

lucichol ....

versilatel ....

26 Forma el nombre de cinco platos preparados y una bebida relacionando las columnas.

Patatas — mineral

Pollo — de chocolate

Pescado — con leche

Agua — fritas

Tarta — asado

Arroz — a la plancha

....

....

....

....

....

....

27 Ordena las palabras para formar frases.

1. Encantan los les pasteles padres a mis

A mis padres les encantan los pasteles

2. Tampoco mí a

A mi tampoco

3. Fuera mucho gusta comer me

Me gusta mucho comer fuera

4. Postre flan un de favor por

De postre un flan por favor

5. Cuenta por la favor

La cuenta por favor

28 Completa las palabras con las letras *c, z* y *q.*

.queso   zumo

arroz.   refresco

caliente   dulce

cuchara   marisco

riquísimo   gracias

carne   pescado

29 **Reacciona como en el modelo.**

1. –Me encantan los flanes.
   – ☹ A mí no.

2. –No me gusta levantarme temprano.
   – ☹ *A mí tampoco*

3. –Me gusta mucho el chocolate.
   – ☺ *A mí también*

4. –A mí no me gusta la geografía.
   – ☹ *A mí tampoco*

5. –No me gusta la sopa.
   – ☺ *A mí sí*

30 **Completa el diálogo.**

Camarero: *¿Qué va a tomar de primero plato*

Cliente: De primero, sopa.

Camarero: ¿Y *de segundo*?

Cliente: Una paella.

Camarero: ¿Y para beber?

Cliente: *Una cerveza, por favor*

Camarero: ¿Qué tal todo?

Cliente: *Muy bien*, gracias.

Camarero: De postre, ¿qué va a tomar?

Cliente: *De postre, un flan por favor*

✗ *No quiero nada de postre*

Cliente: *La cuenta por favor*

Camarero: Sí, aquí tiene.

Cliente: Gracias.

31 **Escribe el superlativo de los siguientes adjetivos.**

- Caro *carísimo*
- Bueno *buenísimo*
- Alto *altísimo*

- Feo *feísimo*
- Elegante *elegantísimo*
- Caliente *calentísimo*

32 **Completa la tabla.**

Primeros platos	Segundos platos	Postres

7

¿QUÉ TE PASA?

Las partes del cuerpo. Estados físicos y anímicos. Expresar condición y obligación. El Imperativo. La *b* y la *v*; la *e*, *u* por *y*, *o*, respectivamente.

1 Observa y lee.

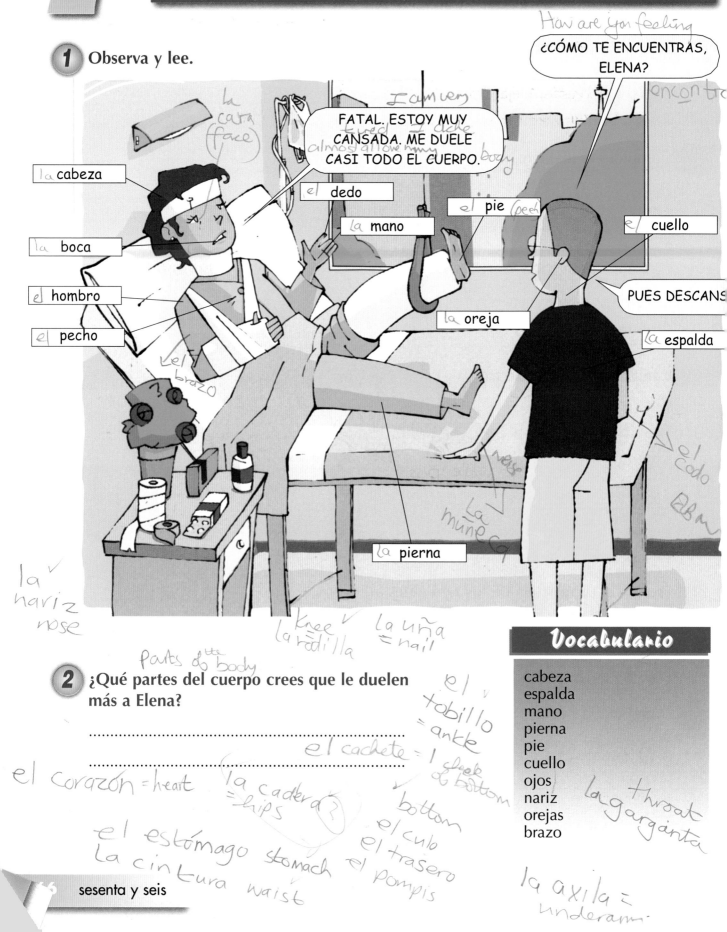

2 ¿Qué partes del cuerpo crees que le duelen más a Elena?

....

....

cabeza
espalda
mano
pierna
pie
cuello
ojos
nariz
orejas
brazo

PARA EMPEZAR
comprensión oral

3 Escucha y completa.

María: ¡Hola, Juan! ¿Qué te pasa? Tienes mala ......*cara*...... *(face)*

Juan: Sí, no me encuentro bien; estoy muy ....*cansado*.... y me duele la ....*cabeza*....

María: Pues tómate un vaso de leche y ....*duerme*.... *(sleep)*

Pepe: ¿Cómo estás, Alejandro?

Alejandro: Estoy regular; me ....*duele*.... mucho la ....*espalda*....

Luisa: ¿Qué le pasa a tu madre?

Fernando: Está ....*enferma*....; tiene ....*FIEBRE*.... y le duelen mucho las ....*piernas*....
Además tiene tos *(cough)* porque está un poco ....*resfriada*.... *(cold)*

4 Escucha y escribe debajo de cada dibujo el nombre de la persona correspondiente.

....*Clara*.... ....*Pablo*.... ....*Sonia*....

....*Jaume*.... Está ....*María*....

¿Qué te pasa? *How are you*
¿Qué te duele? *I am sore all over*
No me encuentro bien. *I don't feel good*
Tienes mala cara. *bad face / white face dead eyes*
Estar nervioso. *I am nervous*
Tengo frío / sueño / fiebre. *cold / sleepy / feverish*
Tengo hambre / sed. *hungry / thirsty*
Me duele la cabeza. *I have a headache*
Tengo dolor de oídos. *I have a pain in my ear*

5 Escribe el nombre de cada parte.

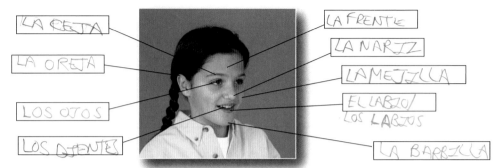

LA CEJA
LA OREJA
LOS OJOS
LOS DIENTES
LA FRENTE
LA NARIZ
LA MEJILLA
EL LABIO/
LOS LABIOS
LA BARBILLA

6 Escribe frases según el modelo.

Ej.: *Yo / dolor de cuello. → Me duele el cuello.*

1. Tú / dolor de espalda.

Te duele la espalda

2. Usted / dolor de cabeza.

LE DUELE LA CABEZA

3. Ella / dolor de oídos.

DUELEN LOS OIDOS

4. Nosotros / dolor de rodillas.

NOS DUELEN LAS RODILLAS INSIDE EARS

5. Vosotras / dolor de pies.

OS DUELEN LOS PIES

6. Ustedes / dolor de brazos y piernas.

LES DUE LOS BRAZOS Y LAS PIERNAS

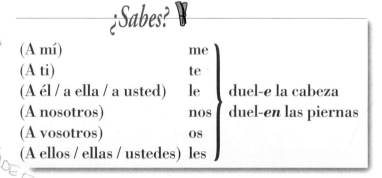

¿Sabes?

(A mí)	me	
(A ti)	te	
(A él / a ella / a usted)	le	duel-*e* la cabeza
(A nosotros)	nos	duel-*en* las piernas
(A vosotros)	os	
(A ellos / ellas / ustedes)	les	

7 ¿Qué hay que hacer para estar en forma? Completa la tabla con las acciones de la lista.

Beber mucha agua.
Comer con mucha sal.
Tomar alcohol.
Desayunar todos los días.

Hacer deporte.
Comer verduras.
Fumar.
Comer frutas.

¿Sabes?

Hay que + Infinitivo se usa para expresar obligación de manera impersonal, general.

Para aprender español hay que estudiar.

Is necessary

Hay que...	No hay que...

8 Mario está enfermo. Dale algunos consejos utilizando las estructuras del *¿Sabes?*

Ej.: *Debes dejar de fumar.*

1. ....

2. ....

3. ....

4. ....

¿Sabes?

Tener que
Deber | + Infinitivo

Se usan para expresar obligación personal.

Si te encuentras muy mal, debes ir al médico.

No tienes que fumar.

9 Asocia los siguientes problemas con sus remedios.

Me duele la garganta y tengo tos

Tengo mucha hambre

No veo bien

Estoy muy cansado

Estoy aburrido y deprimido

Come un poco

Acuéstate

Llama a un amigo o pasea un rato

Tómate un vaso de leche caliente

Ve al oculista

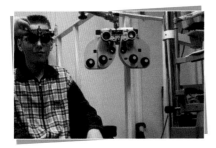

¿Sabes?

Expresar condición I
Si + Presente, Imperativo
Si estás cansado, descansa un poco.
Ref. pág. 94

10 Escribe el verbo en imperativo.

1. Si tienes sed, ... *(beber)* algo.

2. Si tenéis sueño, ... *(descansar).*

3. Antes de acostarte .... *(lavarse)* los dientes.

4. Si siempre llegas tarde al colegio, ... *(levantarse)* más temprano.

5. Si no entendéis algo, ... *(preguntar).*

6. Si tienes problemas con tu amigo, ... *(hablar)* con él.

7. Si estás un poco gordo, ... *(hacer)* deporte.

8. Si queréis ver a Pepe, ... *(mirar)* ahora por la ventana.

9. Si tenéis algún problema, ... *(pedir)* ayuda.

10. Si te duelen las piernas, ... *(sentarse).*

11. –¿Puedo pasar?
    –Sí, ..., ... *(pasar).*

12. Si estáis aburridos, ... *(leer)* un libro.

¿Sabes?

El Imperativo

-ar	-er	-ir
PASEAR	COMER	VIVIR
pasea	come	vive
pasead	comed	vivid

Ref. pág. 94

FÍJATE BIEN

11 Escucha las siguientes palabras y fíjate en su pronunciación.

abuela	vuelo
rubio	vino
bajo	vaso
boca	vosotros
beso	vestido

> **¿Sabes?**
> La *b* y la *v* se pronuncian igual en español.

Ahora léelas en voz alta.

12 Ordena las sílabas para formar palabras que se escriben con *b* o con *v*.

vier-in-no ....

blo-ha ....

ta-ble-es ....

brir-a ....

bre-ham ....

ver-tir-in ....

bre-fie ....

viar-en ....

bro-li ....

co-blan ....

zo-bra ....

tiem-sep-bre ....

biar-cam ....

gue-bur-ham-sa ....

1. **Ahora escucha y repite.**

2. **Completa el ¿Sabes?**

> **¿Sabes?**
> Se escribe *b* delante de ..... y de ......
> Se escribe *v* detrás de la consonante .....
> Se escribe *b* detrás de la consonante .....

13 Completa las frases con *y/e*, *o/u* siguiendo el *¿Sabes?*

Juan … Ismael viven al lado de mi casa.

Tiene siete … ocho lápices de colores, no lo sé.

Tengo tres primos … tres primas.

María … Ana son mis compañeras del colegio.

La persona que necesitan puede ser mujer … hombre

¿A las 10 tenemos geografía … matemáticas? No me acuerdo.

Para coser tienes que coger aguja … hilo.

Hace frío, abrígate … coge la bufanda.

> **¿Sabes?**
> • La *y* se sustituye por *e* cuando la siguiente palabra empieza por *i* o por *hi*, no si comienza por *ie-*, *ia-*; por ejemplo: *agua y hierba*, *madera y hierro*.
> • La *o* se sustituye por *u* cuando la siguiente palabra empieza por *o* o por *ho*.

14 Lee estas cartas escritas por los alumnos a la revista *El Semanal del Colegio.* Une cada carta con su respuesta y complétalas.

Hola, amigos, me llamo Antonio, tengo 12 años y quiero consultaros un pequeño problema. No consigo aprobar ni sacar buenas notas. ¿Qué puedo hacer? ¿Alguien puede ayudarme?

Hola, ..., a mí también me encanta Maná y tengo muchas cosas muy interesantes sobre ellos. Unas amigas y yo tenemos un club de fans. Manda una foto con tus datos personales a la dirección del club.

Hola a todos, os escribo porque soy nueva en el instituto y no tengo muchos amigos. Me llamo Sara y me gustan mucho la música y el deporte. ¿Cómo puedo hacer amigos?

Hola, ..., si quieres aprobar, haz los deberes todos los días, escucha al profesor y siéntate en la primera fila. Ten paciencia y ánimo.
Un saludo,
Ana

Hola, compañeros:
Soy la delegada de la clase de 1.º de Bachillerato, me llamo Lucía y me encanta el grupo Maná. ¿Tenéis fotos e información sobre ellos? Por favor, si a vosotros también os gusta, escribidme, ¿vale?

Hola, ...: para hacer nuevos amigos puedes apuntarte a un deporte por las tardes. Tienes que ir a la secretaría del instituto y pedir una hoja de inscripción. Hay que pagar 12 € al mes. Es muy divertido.

15 Busca en los textos los verbos y expresiones para dar instrucciones y consejos.

....
....
....
....

16 Elige una carta y escribe una respuesta diferente.

....
....
....
....
....

AHORA HABLA
expresión oral

17 Piensa en cinco cosas para las que necesites ayuda. Escríbelas y díselas a tu compañero. Él tiene que aconsejarte.

....

....

....

....

....

18 En grupos. El profesor os dirá una lista de verbos. Ganará el grupo que antes diga todos los verbos en imperativo singular y plural.

19 Mira tu plano y da instrucciones a tu compañero para llegar al colegio. Utiliza las expresiones del recuadro.

Seguir (todo) recto →

Girar (la primera calle)
    (la segunda)   ┌→ a la derecha
    (la tercera)   ←┘ a la izquierda

¿Sabes?
girar → gira
seguir → sigue
Ref. pág. 94

Alumno A

Estás aquí. →

Alumno B

Estás aquí.

20 Señala una parte de tu cuerpo. Tus compañeros tienen que decir su nombre.

21 ¿Qué le duele? Tu compañero hará gestos de dolor señalando una parte de su cuerpo y tú tendrás que decir: *Te duele(n)…*

AHORA TÚ

práctica global

22 Elegid una opción y escribid, utilizando las estructuras *tienes que / hay que / debes / puedes...,* cinco consejos para...

   ... ser un buen estudiante

   ... ser un buen hijo

   ... ser un buen deportista

debes   you must   ser

23 Mira las fotos, identifica la acción y da órdenes a tu compañero.

24 Contesta. ¿Qué te pasa...

cuando comes mucho chocolate?

....

si no comes nada antes de ir al colegio?

....

cuando no duermes mucho?

....

cuando tienes tos y frío?

....

cuando te sientes solo?

....

25 Escucha y marca en el dibujo las partes del cuerpo que oigas.

UN POCO DE TODO

26 Busca el intruso.

1. cansado - enfermo - deprimido - en forma
2. sed - brazo - hambre - frío
3. cuello - cara - mano - cabeza

27 ¡Qué desorden! Encuentra el imperativo de estos verbos.

segue acuéstate haz giro como decid hace ve

acóstate tomete tómate sigue gira dicid come

comer   ....   tomarse   ....
acostarse   ....   ir   ....
seguir   ....   girar   ....
hacer   ....   decir   ....

28 Busca en la sopa de letras siete partes del cuerpo.

B	A	L	B	O	C	A	O	H
P	B	P	J	L	H	C	M	P
E	A	O	T	H	I	Y	I	B
C	S	D	H	I	O	E	I	O
H	I	E	L	M	Z	A	L	T
O	A	N	N	A	R	I	Z	A
I	A	C	O	C	P	N	A	V
Z	X	I	T	A	E	S	U	I
O	O	L	L	E	U	C	E	M
A	C	N	B	A	L	Ñ	S	N

29 Ordena las palabras para formar una frase.

1. Hacer que forma hay estar para deporte en.

....

2. Si tómate la aspirina te una cabeza duele.

....

3. Como chocolate duele mucho el cuando estómago me.

....

4. Quieres si buenas sacar tienes notas que días todos estudiar los.

....

30 Completa con los verbos *tener, estar* o *doler.*

.... las piernas   .... frío

.... deprimido   .... fiebre

.... sed   .... calor

.... cansado   .... la espalda

31 Completa con el verbo *doler.*

1. María no se encuentra bien: .... el cuello.

2. A usted .... el estómago cuando come mucho.

3. A los alumnos .... las piernas después de correr.

4. A mi padre .... los ojos cuando trabaja mucho tiempo en el ordenador.

5. ¿Qué te pasa? .... la garganta.

32 Corrige los errores en las siguientes frases.

1. Si tenéis hambre, come un poco. ....

2. A mí no le duele nada. ....

3. Para estar en forma, hay hacer deporte. ....

4. Debes que leer más. ....

5. Tienes que estudiad más si quieres aprobar. ....

6. Ese livro blanco es tuyo. ....

7. Mi cumpleaños es en septiemvre. ....

8. En imvierno me gusta tomar sopa. ....

9. María y Isabel son hermanas. ....

10. Avre la ventana porque soy calor. ....

33 Completa las frases.

1. Vemos con ....

2. Olemos con ....

3. Hablamos con ....

4. Andamos con las ....

5. Tocamos con las ....

6. Escuchamos con los ....

7. Besamos con los ....

DE MAYOR SERÉ...

Hablar de planes y proyectos. *Ir a* + Infinitivo. Futuro Simple de Indicativo. Acciones durativas. Profesiones y deportes. Tiempo atmosférico. Sufijos aumentativos y diminutivos. La *x* y la *s*.

1 Mira los dibujos y lee.

2 Elige del vocabulario la palabra correspondiente a cada una de las viñetas y escríbela en su lugar.

Vocabulario

bombero	ciclista
enfermero	peluquero
fontanero	escritor
abogado	atleta
albañil	actor
periodista	cocinero
carpintero	informático

PARA EMPEZAR

3 Escucha y completa. ¿Qué planes tienen?

1

David: Hola, Paz, soy David. ¿Qué tal?

Paz: Muy bien, ¿y tú?

David : Bien, bien. Oye, te llamo para saber qué planes tienes para este fin de semana. ¿Qué vas a hacer?

Paz: Pues… el sábado por la mañana .... el trabajo de geografía, pero por la tarde no sé lo que haremos. ¿Y tú?

David: Yo .... por la tarde. Y el domingo voy a ir ....

2

Julio: Mamá, el próximo lunes .... con el colegio.

Madre: ¡Qué bien! ¿Y dónde vais a ir?

Julio: .... unas excavaciones arqueológicas.

3

Luis: ¿Tú qué vas a hacer el año que viene?

Sonia: .... Quiero ser arquitecta, me gusta mucho el dibujo. ¿Y tú?

Luis: Yo también voy a estudiar, quiero ser médico. Pero antes de ir a la universidad .... para aprender un idioma.

4 Elige la opción correcta.

1 David este fin de semana va a...

a) visitar a un amigo enfermo. ☐

b) ir al cine con Paz. ☐

c) jugar al tenis con Pedro. ☐

2 Julio el próximo lunes...

a) va a visitar el Museo de Ciencia. ☐

b) va a visitar unas excavaciones arqueológicas. ☐

c) va a estudiar porque tiene exámenes. ☐

3 El año que viene Sonia y Luis van a...

a) viajar alrededor del mundo. ☐

b) estudiar en la universidad. ☐

c) preparar el maratón. ☐

¿Sabes?

Para hablar de planes y proyectos utilizamos la estructura:

Ir a + Infinitivo.

=

Mañana.

Pasado mañana.

La semana / el mes / el año que viene.

El / la próximo(a) mes / año / semana / martes.

Dentro de un / dos... año(s) / mes(es).

A TRABAJAR

5 Escucha lo que quieren ser de mayores estos chicos y escribe debajo de cada foto la profesión a la que se refieren.

1

....

2

....

3

....

4

....

5

....

6

....

¿Sabes?

Futuro Simple

-ar	-er	-ir
estudiar-é	leer-é	vivir-é
estudiar-ás	leer-ás	vivir-ás
estudiar-á	leer-á	vivir-á
estudiar-emos	leer-emos	vivir-emos
estudiar-éis	leer-éis	vivir-éis
estudiar-án	leer-án	vivir-án

bailarina	veterinaria
policía	pintor
músico	fotógrafa

¿Sabes?

Futuros irregulares

Hacer	Salir	Poner	Haber	Tener	Saber
Haré	Saldré	Pondré	Habré	Tendré	Sabré

Ref. pág. 95

6 Escribe el verbo en futuro.

1. Tú y yo .... (ser) médicos y .... (trabajar) en un hospital.

2. De mayor .... (ir, yo) a países del Tercer Mundo y .... (poder, yo) ayudar a los necesitados.

3. Mi madre y yo .... (tener) las entradas esta tarde para ir al concierto de Mozart.

4. Carmen y tú .... (saber) llegar a mi casa con este plano.

5. Tú .... (salir) esta noche de viaje con mi hermano. .... (hacer) tu maleta y la suya.

6. Luis .... (escribir) una carta a sus padres desde el campamento.

7. Los Reyes Magos .... (poner) los regalos junto a los zapatos.

8. Después .... (pasar, usted) a la consulta del médico. Le está esperando.

7 **Hablemos del tiempo. Asocia las palabras con su símbolo.**

lluvia

nieve

viento

sol

frío

calor

¿Sabes?

Los verbos relativos al tiempo atmosférico son impersonales. Solo se conjugan en 3.ª persona del singular.

Hace...
	frío
	calor
	viento
	sol

Llover → llueve
Nevar → nieva
Granizar → graniza

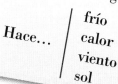
¿Sabes?

Estar + Gerundio se utiliza para hablar de acciones durativas.

Gerundio

Estar +
| -ar | -er | -ir |
| nev-**ando** | llov-**iendo** | sal-**iendo** |

8 **Lee los textos. ¿A qué mapa se refieren?**

> Hoy, temperaturas frías en todo el país. Está lloviendo en el norte y en el centro. Está nevando en algunos puntos del norte por encima de los 1.500 metros. En el sur luce el sol, pero hace frío.

1

> En el este, sol. En el noroeste lluvia y viento. Está nevando en los Pirineos y en el centro del país. Lluvia en algunos puntos del sur.

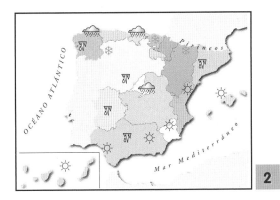

2

9 **Escribe qué harás este fin de semana si...**

Ej.: *Si llueve* ➤ *me quedaré en casa.*

Si hace mucho calor ....

Si nieva ....

Si hace sol ....

Si hace frío ....

¿Sabes?

Expresar condición II
Si + Presente, Futuro Simple
Si llueve, iré en taxi a tu casa.

Ref. pág. 94

G

FÍJATE BIEN

ortografía / fonética: diminutivos y aumentativos, la x y la s

10 Une estas palabras con su correspondiente aumentativo o diminutivo.
Fíjate en el ¿Sabes?

falda	fresquito
fresco	casona
padre	buenazo
cama	camita
caliente	pisazo
chico	calentito
bueno	chiquillo
casa	faldita
piso	padrazo

¿Sabes?

Diminutivos		Aumentativos	
-ito / -ita	casa → casita	-azo / -aza	piso → pisazo
-illo / -illa	perro → perrillo	-on / -ona	casa → casona

Otras posibilidades			
-cito / -cita	pantalón → pantaloncito		
-cillo / -cilla	león → leoncillo	-tazo	golpe → golpetazo
-tito / -tita	café → cafetito		

11 Completa las frases con una palabra de la actividad anterior.

1. Siempre llevas unas .... muy bonitas. ¿Dónde las compras?

2. Buenas noches, mamá, me voy a la ....

3. Tómate la leche ...., estarás mejor.

4. Mis tíos tienen un .... en el centro de Madrid.

5. Mi padre es un auténtico ....

6. Esta noche hace ....; se está muy
   bien en la terraza.

7. No le regañes tanto, es solo un ....

¿Sabes?

En algunas zonas de España, la letra s no siempre suena igual.

12 Escucha y completa las siguientes palabras con s o x.

e…perar	e…traño	o…ígeno
pe…car	e…celente	e…terior
e…quisito	e…pañol	e…traordinario
sa…ofón	e…trenar	pró…imo

¿Sabes?

En español, la x no suele ir al principio de palabra. Suena como [ks].

13 Escucha y repite este trabalenguas.

Un extraordinario saxofonista extranjero toca una extraña y excelente canción con su saxofón.

TU LECTURA

14 **El horóscopo. Lee el texto.**

 Aries (21 de marzo-20 de abril)
- Estás pasando por un momento difícil.
- La semana próxima recibirás un regalo de tu familia.
- En el colegio te irán muy bien las cosas.

 Tauro (21 de abril-20 de mayo)
- Estás trabajando mucho estos días.
- El martes será un día de mucha suerte.
- Tendrás problemas con una asignatura.

 Géminis (21 de mayo-21 de junio)
- Estás viviendo momentos muy felices.
- El lunes tendrás una bonita sorpresa.
- Conocerás a un amigo que será muy importante.

 Cáncer (22 de junio-22 de julio)
- Estás estudiando muy poco últimamente.
- Harás un viaje.
- Estarás unos días enfermo, pero no será nada grave.

 Leo (23 de julio-22 de agosto)
- Estás disfrutando mucho con tus amigos.
- Irás a una fiesta muy divertida.
- Sacarás una mala nota en un examen.

 Virgo (23 de agosto-22 de septiembre)
- Estás descubriendo nuevas aficiones.
- El fin de semana será un poco aburrido.
- Tendrás más dinero.

 Libra (23 de septiembre-22 de octubre)
- Estás pasando por un momento muy bueno.
- La semana que viene será muy positiva.
- Sacarás muy buenas notas.

 Escorpio (23 de octubre-22 de noviembre)
- Estás un poco deprimido.
- Verás a un antiguo amigo.
- Tendrás muy buena salud.

 Sagitario (23 de noviembre-21 de diciembre)
- Estás haciendo mucho deporte.
- Tu equipo ganará el próximo partido.
- Una amiga te dará una sorpresa.

 Capricornio (22 de diciembre-20 de enero)
- Estás siendo muy positivo.
- Te pelearás con un amigo.
- Tus profesores estarán contentos con tu trabajo.

 Acuario (21 de enero-19 de febrero)
- Estás estudiando mucho.
- El jueves tendrás un examen sorpresa.
- Saldrás mucho de casa el próximo fin de semana.

 Piscis (20 de febrero-20 de marzo)
- Estás apoyando mucho a un amigo.
- La semana que viene estarás un día en la cama.
- Tus padres estarán muy contentos contigo.

15 **Responde a estas preguntas.**

1. ¿Cuál es tu signo del zodiaco? ....

2. Según este horóscopo, ¿tu futuro es positivo o negativo? ¿Por qué? ....
....

3. ¿Cuál es el mejor signo de la semana? ¿Y el peor? ¿Por qué? ....
....

16 **Busca en el texto tres predicciones buenas y tres malas.**

Predicciones buenas	Predicciones malas
Irás a una fiesta muy divertida.	*Sacarás una mala nota en un examen.*
....	....
....	....
....	....

17 Cuenta cómo será tu vida cuando seas mayor y ejerzas una profesión. Utiliza el futuro y las expresiones que ya conoces.

Médico

Iré al hospital todos los días.

Unas veces trabajaré por la mañana y otras por la noche.

Voy a curar a muchos enfermos.

18 Mira estas imágenes y di lo que están haciendo ahora y lo que van a hacer después. Utiliza los verbos del recuadro.

Ej.: *Está lavándose los dientes.*
Después va a acostarse.

> cepillarse – hacer – desayunar – ir – salir – ver – acostarse – volver – ducharse – jugar

19 Di qué harás...

si el sábado un amigo te llama para ir a una fiesta...

si el viernes por la tarde estás aburrido...

si tienes un examen el lunes...

si llueve mucho el domingo...

si tus padres se enfadan porque suspendes...

AHORA TÚ

práctica global

20 Los alumnos de 2.º curso van a ir de excursión la semana que viene. Escucha a la profesora y señala la respuesta correcta.

1. ¿Qué día irán de excursión?

- ☐ El lunes.
- ☐ El jueves.
- ☐ El viernes.

4. ¿A qué hora llegarán al colegio después del viaje?

- ☐ A las siete.
- ☐ A las nueve.
- ☐ A las ocho.

2. ¿Dónde irán de excursión?

- ☐ A Madrid.
- ☐ A Salamanca.
- ☐ A Sevilla.

5. Ordena.

- ☐ Visitar el Palacio Real.
- ☐ Ir al Museo del Prado.
- ☐ Pasear por las calles de Madrid.
- ☐ Dar una vuelta por el Retiro.
- ☐ Comer.

3. ¿A qué hora saldrán del colegio?

- ☐ A las ocho.
- ☐ A las siete y media.
- ☐ A las ocho y media.

21 Planead una excursión: el lugar al que iréis, a qué hora saldréis, qué visitaréis y en qué orden, y cuándo volveréis.

Iremos a .... el .... Saldremos a las ....
....
....
....

22 Dibuja en el mapa el tiempo "previsto" para mañana. Intercambia el mapa con tu compañero y escribe su predicción.

ALUMNO A

ALUMNO B

El tiempo

....
....
....
....
....
....
....

23 ¿En qué deportes y profesiones se utilizan los siguientes objetos?

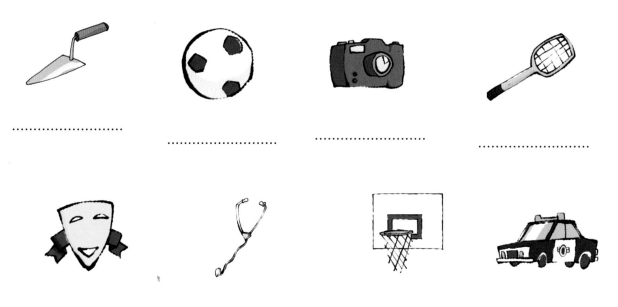

....

....

....

....

....

....

....

....

24 Encuentra el deporte oculto. Escribe la palabra de cada definición. Después, busca la letra que corresponde en cada palabra al número que te damos, une todas las letras y tendrás el nombre de un deporte.

La persona que juega al fútbol se llama .... (4).

Instrumento de madera que se usa para jugar al tenis: .... (2).

Persona que practica el ciclismo: .... (4).

Persona que apaga un fuego: .... (2).

Persona que presenta un programa de televisión: .... (6).

Lugar donde juegan los futbolistas: .... (1).

Cuerda que divide un campo de tenis: .... (2).

Primer golpe de pelota en un partido: .... (1).

Único jugador que puede tocar el balón con la mano en el fútbol: .... (4).

Intermedio de un partido: .... (8).

....

25 Busca la palabra intrusa.

1. camarero - cocinero - fontanero - barman
2. arquitecto - conductor - albañil - constructor
3. bombero - veterinario - médico - dentista
4. cantante - músico - profesor - bailarín

26 Conjuga los verbos en futuro y después completa el texto.

Ver *(nosotros)* .... Visitar *(nosotros)* ....

Ir *(yo)* .... Ser *(él)* ....

Pasar *(nosotros)* .... Bañarse *(nosotros)* ....

Venir *(ellos)* .... Estar *(yo)* ....

El próximo verano me .... de vacaciones a la playa. ....
allí un mes con la familia. También .... mis primos, ...
muy divertido. Allí .... a muchos amigos porque vamos todos los años
y conocemos a mucha gente. .... lugares muy bonitos y, por supuesto,
.... todos los días en el mar. Lo .... muy bien.

27 Escribe tres verbos que hagan el gerundio en *-ando* y tres en *-iendo.*

-ando		-iendo	
Infinitivo	Gerundio	Infinitivo	Gerundio
nevar	nevando	llover	lloviendo
....	....	....	....
....	....	....	....
....	....	....	....

28 Ordena las expresiones de lo más próximo a lo más lejano en el tiempo.

La semana que viene ☐

El próximo año ☐

El lunes que viene ☐

Dentro de dos años ☐

Mañana ☐

Dentro de un mes ☐

Pasado mañana ☐

El próximo fin de semana ☐

29 Escucha y completa con *x* y *s* estas palabras.

e...tranjero   pró...imo   e...tupendo   e...celente   balonce...to   te...to

APÉNDICE GRAMATICAL

LOS NÚMEROS

CARDINALES	ORDINALES
0. Cero	-------------------
1. Uno	1.º Primero (primer), primera
2. Dos	2.º Segundo, a
3. Tres	3.º Tercero (tercer), tercera
4. Cuatro	4.º Cuarto, a
5. Cinco	5.º Quinto, a
6. Seis	6.º Sexto, a
7. Siete	7.º Séptimo, a
8. Ocho	8.º Octavo, a
9. Nueve	9.º Noveno, a
10. Diez	10.º Décimo, a
11. Once	11.º Undécimo, a
12. Doce	12.º Duodécimo, a
13. Trece	13.º Decimotercero, a
14. Catorce	14.º Decimocuarto, a
15. Quince	15.º Decimoquinto, a
16. Dieciséis	16.º Decimosexto, a
17. Diecisiete	17.º Decimoséptimo, a
18. Dieciocho	18.º Decimoctavo, a
19. Diecinueve	19.º Decimonoveno, a
20. Veinte	20.º Vigésimo, a
21. Veintiuno	21.º Vigesimoprimero, a
22. Veintidós	22.º Vigesimosegundo, a
23. Veintitrés	23.º Vigesimotercero, a
24. Veinticuatro	24.º Vigesimocuarto, a
25. Veinticinco	25.º Vigesimoquinto, a
26. Veintiséis	26.º Vigesimosexto, a
27. Veintisiete	27.º Vigesimoséptimo, a
28. Veintiocho	28.º Vigesimoctavo, a
29. Veintinueve	29.º Vigesimonoveno, a
30. Treinta	30.º Trigésimo, a
31. Treinta y uno	31.º Trigésimo primero, primera
32. Treinta y dos	32.º Trigésimo segundo, segunda
40. Cuarenta	40.º Cuadragésimo, a
50. Cincuenta	50.º Quincuagésimo, a
60. Sesenta	60.º Sexagésimo, a
70. Setenta	70.º Septuagésimo, a
80. Ochenta	80.º Octogésimo, a
90. Noventa	90.º Nonagésimo, a
100. Cien	100.º Centésimo, a
101. Ciento uno	
102. Ciento dos	
200. Doscientos	
300. Trescientos	
400. Cuatrocientos	
500. Quinientos	
600. Seiscientos	
700. Setecientos	
800. Ochocientos	
900. Novecientos	
1.000. Mil	

ALGUNOS PAÍSES Y NACIONALIDADES

Argentina	argentino, a
Alemania	alemán, a
Brasil	brasileño, a
Bolivia	boliviano, a
Colombia	colombiano, a
Chile	chileno, a
China	chino, a
Cuba	cubano, a
Ecuador	ecuatoriano, a
Egipto	egipcio, a
El Salvador	salvadoreño, a
España	español, a
Estados Unidos	estadounidense
Grecia	griego, a
Guatemala	guatemalteco, a
Honduras	hondureño, a
Italia	italiano, a
Francia	francés, a
Japón	japonés, a
Marruecos	marroquí
México	mexicano, a
Nicaragua	nicaragüense
Panamá	panameño, a
Paraguay	paraguayo, a
Perú	peruano, a
Portugal	portugués, a
Reino Unido	británico, a
Rusia	ruso, a
Uruguay	uruguayo, a
Venezuela	venezolano, a

ABREVIATURAS

Avda.	Avenida
C/	Calle
D.	Don
D.ª	Doña
N.º	Número
P. / Pág.	Página
P.º	Paseo
Pl. / Pza.	Plaza
Sr.	Señor
Sra.	Señora
Srta.	Señorita
Tel.	Teléfono
Ud.	Usted
Uds.	Ustedes

EL SUSTANTIVO. GÉNERO Y NÚMERO

masculino	femenino	masculino y femenino
-o: *el perro* -e: *el cine* consonante: *el director* -aje: *el garaje* **excepciones:** *el problema,* *el tema, el sistema*	-a: *la perra, la silla,* *la directora* -ción, -sión, -d: *la canción, la pasión, la salud* **excepciones:** *la mano, la moto,* *la radio*	-ista: *el / la periodista* -ante: *el / la cantante* **pero** *el presidente / la presidenta* *el vidente / la vidente*

si el singular acaba en:		en plural:	
vocal:	*casa, tabla*	-s:	*casas, tablas*
consonante:	*canción*	-es:	*canciones*
-z:	*pez*	-es *(cambia la consonante):*	*peces*
-s:	*martes*	no cambia:	*martes*

EL ADJETIVO. GÉNERO Y NÚMERO

Género

masculino	femenino	masculino y femenino
-o: *pequeño*	-a: *pequeña*	-e: *grande* consonante: *marrón*

Número

El plural de los adjetivos se forma como el de los sustantivos.

EXPRESIONES PARA DESCRIBIR A PERSONAS

Ser
- alto
- bajo
- gordo
- delgado
- rubio
- moreno
- pelirrojo
- castaño
- calvo

Llevar
- gafas
- bigote
- barba
- sombrero

Tener el pelo
- largo
- corto
- liso
- rizado
- blanco
- pelirrojo
- rubio
- negro
- castaño

HAY / ESTÁ(N)

Utilizamos HAY para hablar de la existencia de personas, cosas o lugares.

Hay puede ir seguido de un *indefinido, de un numeral o de un sustantivo:*
   -En mi colegio hay *un* patio enorme.
   -En mi casa hay *tres* habitaciones.
   -¿Hay *piscina* en tu casa?

Utilizamos ESTÁ(N) para situar personas, cosas y lugares.

-¿Dónde está Madrid?
   -Está en el centro de España.
   -Los libros están encima de la mesa.
   -Juan está en su casa.

SER / ESTAR

SER se usa para describir personas, cosas y lugares.

-Mi habitación es muy luminosa.

-La bandera de España es roja y amarilla.

-María es alta y rubia.

ESTAR se usa para situar cosas y personas en el espacio.

-Mi habitación está junto al salón.

-Los niños están en la clase.

LOS POSESIVOS

Los posesivos concuerdan con el sustantivo en género y número. Las formas *mi, tu, su* y sus plurales acompañan a sustantivos masculinos y femeninos.

-En **mi** casa hay una terraza.

-**Vuestros** padres son muy simpáticos.

-Las chicas de la clase son amigas **mías**.

-En **mi** piso hay una terraza.

-**Su** hermano se llama Luis.

-**Su** madre es muy guapa.

Presentan formas distintas según vayan delante o detrás del sustantivo. Si van delante del sustantivo, la forma de los posesivos es la siguiente:

Un solo poseedor

Singular	Plural
mi	mis
tu	tus
su	sus

Varios poseedores

Singular		Plural	
Masculino	Femenino	Masculino	Femenino
nuestro	nuestra	nuestros	nuestras
vuestro	vuestra	vuestros	vuestras
su	su	sus	sus

A veces puede aparecer un adjetivo entre el posesivo y el sustantivo:

-**Su** precioso perro.

Cuando los posesivos siguen al sustantivo, presentan las siguientes formas:

Un solo poseedor

Singular		Plural	
Masculino	Femenino	Masculino	Femenino
mío	mía	míos	mías
tuyo	tuya	tuyos	tuyas
suyo	suya	suyos	suyas

Varios poseedores

Singular		Plural	
Masculino	Femenino	Masculino	Femenino
nuestro	nuestra	nuestros	nuestras
vuestro	vuestra	vuestros	vuestras
suyo	suya	suyos	suyas

Los posesivos también presentan estas formas cuando van separados del sustantivo por el verbo *ser*:
-Esta mochila es **suya.**

Y también cuando van precedidos de un determinante artículo:
-Mi cumpleaños es el 10 de agosto, ¿y **el tuyo?**
-**El mío** es el 13 de diciembre.

LOS DEMOSTRATIVOS

Los demostrativos concuerdan en género y número con el sustantivo. Son elementos que se usan para señalar en el espacio, en el tiempo o en el contexto.

- ***Este*** **(y sus formas) señala algo que está próximo al que habla.**
  -**Este** libro es muy interesante.

- ***Ese*** **(y sus formas) señala algo próximo también al que escucha.**
  -Dame **esa** foto que tienes en la mano.

- ***Aquel*** **(y sus formas) señala algo alejado tanto del que habla como del que escucha.**
  -**Aquellas** casas son las de mi urbanización.

Las formas de los demostrativos son las siguientes:

Singular			Plural	
Masculino	Femenino	Neutro	Masculino	Femenino
este	esta	esto	estos	estas
ese	esa	eso	esos	esas
aquel	aquella	aquello	aquellos	aquellas

Los demostrativos pueden ser *adjetivos* y *pronombres;* en los dos casos presentan las mismas formas.

- **Como determinantes pueden aparecer delante o detrás del sustantivo.**
  -**Aquel** niño es mi primo.
  -La camisa **esta** es muy elegante.

- **Son pronombres cuando no acompañan a ningún sustantivo:**
  -**Ese** es el más guapo.

Los demostrativos neutros no concuerdan con ningún sustantivo, hacen referencia a algo que se dice antes en el contexto o a algo que se dirá después:
  -No vienes en metro, ¿verdad?
  -**Eso** es.
  -Es muy importante **esto:** no llegues tarde.

AQUÍ / ACÁ; AHÍ; ALLÍ / ALLÁ

***Aquí, ahí, allí* son adverbios que se utilizan para situar en el espacio.**

- ***Aquí / acá* indica proximidad en relación con el que habla.**
  -Vivimos **aquí.**

- ***Ahí* indica proximidad en relación con el que escucha.**
  -**Ahí** está tu libro, a tu derecha.

- ***Allí / allá* indica alejamiento.**
  -Fuimos a Londres este verano. **Allí** hay unos museos estupendos.

VERBOS: PRESENTE DE INDICATIVO

> ¡OJO! En Argentina y en diversas zonas de América se usa *vos* en lugar de *tú*.
> Eso afecta al verbo: *vos te llamás, vos tenés, vos sos.*

VERBOS REGULARES

	HABLAR (1.ª conjugación)	COMER (2.ª conjugación)	VIVIR (3.ª conjugación)
Yo	hablo	como	vivo
Tú	hablas	comes	vives
Él / ella / usted	habla	come	vive
Nosotros / nosotras	hablamos	comemos	vivimos
Vosotros / vosotras	habláis	coméis	vivís
Ellos / ellas / ustedes	hablan	comen	viven

VERBOS PRONOMINALES

	LLAMARSE	APELLIDARSE	LEVANTARSE
Yo	me llamo	me apellido	me levanto
Tú	te llamas	te apellidas	te levantas
Él / ella / usted	se llama	se apellida	se levanta
Nosotros / nosotras	nos llamamos	nos apellidamos	nos levantamos
Vosotros / vosotras	os llamáis	os apellidáis	os levantáis
Ellos / ellas / ustedes	se llaman	se apellidan	se levantan

VERBOS IRREGULARES

	SER	ESTAR
Yo	soy	estoy
Tú	eres	estás
Él / ella / usted	es	está
Nosotros / nosotras	somos	estamos
Vosotros / vosotras	sois	estáis
Ellos / ellas / ustedes	son	están

• **Verbos que presentan irregularidad en la 1.ª persona del singular como** *venir, hacer, salir, decir, tener, poner.*

Salir → sal**g**o   Venir → ven**g**o   Decir → di**g**o

Tener → ten**g**o   Poner → pon**g**o   Hacer → ha**g**o

	TENER	SALIR	DECIR	HACER
Yo	tengo	salgo	digo	hago
Tú	tienes	sales	dices	haces
Él / ella / usted	tiene	sale	dice	hace
Nosotros / nosotras	tenemos	salimos	decimos	hacemos
Vosotros / vosotras	tenéis	salís	decís	hacéis
Ellos / ellas / ustedes	tienen	salen	dicen	hacen

• Verbos que cambian la vocal de la raíz en la 1.ª, 2.ª y 3.ª persona del singular y en la 3.ª persona del plural.

e → ie, como *empezar, querer, despertarse, merendar.*　　o → ue, como *volver, soler, acostarse.*

Yo	emp**ie**zo
Tú	emp**ie**zas
Él / ella / usted	emp**ie**za
Nosotros / nosotras	empezamos
Vosotros / vosotras	empezáis
Ellos / ellas / ustedes	emp**ie**zan

Yo	v**ue**lvo
Tú	v**ue**lves
Él / ella / usted	v**ue**lve
Nosotros / nosotras	volvemos
Vosotros / vosotras	volvéis
Ellos / ellas / ustedes	v**ue**lven

e → i, como *pedir, decir, seguir.*

Yo	pido	digo
Tú	pides	dices
Él / ella / usted	pide	dice
Nosotros / nosotras	pedimos	decimos
Vosotros / vosotras	pedís	decís
Ellos / ellas / ustedes	piden	dicen

• Verbos con otras irregularidades como *ir* y *saber.*

IR	
Yo	voy
Tú	vas
Él / ella / usted	va
Nosotros / nosotras	vamos
Vosotros / vosotras	vais
Ellos / ellas / ustedes	van

SABER	
Yo	sé
Tú	sabes
Él / ella / usted	sabe
Nosotros / nosotras	sabemos
Vosotros / vosotras	sabéis
Ellos / ellas / ustedes	saben

SOLER

Soler significa hacer algo de manera habitual. Se utiliza seguido de un verbo en infinitivo.

-Los fines de semana **suelo** acostarme tarde.

No puede ir con expresiones de frecuencia porque sería redundante. Es incorrecto decir: ~~Casi siempre~~ *suelo levantarme a las ocho.*

Yo	s**ue**lo
Tú	s**ue**les
Él / ella / usted	s**ue**le
Nosotros / nosotras	solemos
Vosotros / vosotras	soléis
Ellos / ellas / ustedes	s**ue**len

LA HORA

-Las tres en punto.

-La una menos cuarto.

-Las dos y cuarto.

-Las diez y media.

- **Para preguntar la hora decimos:**
  -¿Qué hora es?

- **Para responder decimos:**
  -Son las siete y diez (7:10).
  -Son las cuatro menos veinticinco (15:35).

- **Cuando hablamos de la una decimos: -Es la una.**

- **Para decir la hora a la que realizamos una acción utilizamos la preposición "a".**
  -Me levanto **a** las siete.

PREGUNTAR Y DECIR EL PRECIO

- **Preguntamos y decimos el precio de algo con los verbos *costar* y *valer*.**
–¿Cuánto cuesta esta camisa?
–Cuesta 30 €.
–¿Cuánto valen las naranjas?
–Valen 2 € el kilo.

COMPARATIVOS

Para comparar utilizamos:

- **Más + adjetivo + que** para expresar superioridad:
-La falda verde es **más cara que** la azul.

- **Menos + adjetivo + que** para expresar inferioridad:
-La segunda parte del libro es **menos interesante que** la primera.

- **Tan + adjetivo + como** para expresar igualdad:
-Mi hermano es **tan guapo como** mi padre.

COMPARATIVOS IRREGULARES

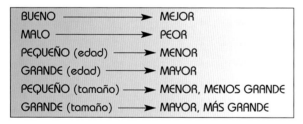

-Este coche es **mejor** que el tuyo.
-Voy a llevar a Juan al médico: hoy está **peor** que ayer.
-Tu hermano es **menor** que el mío.
-Tu talla es **mayor** que la suya.

SUPERLATIVOS

SUPERLATIVOS RELATIVOS

Para indicar superioridad o inferioridad dentro de un grupo utilizamos:

- **El más / menos + adjetivo + de**
-Pepe es **el más alto de** la clase.
-María es **la menos simpatica de** mi familia.

SUPERLATIVOS ABSOLUTOS

Para destacar una cualidad de una cosa, una persona o un lugar utilizamos:

• Adjetivo terminado en vocal -a, -e, -o: se quita la vocal y se agrega -ísimo/a/os/as:

-Mario es **guapísimo** (guapo + -ísimo).

-Estas montañas son **bellísimas.**

-El salón es **grandísimo,** pero la cocina es **pequeñísima.**

-El AVE es un tren que va **rapidísimo.**

• Adjetivo terminado en consonante: se agrega -ísimo/a/os/as:

-Mañana Luis tiene un examen **dificilísimo.**

-Estas tijeras me sirven mucho: son **utilísimas.**

• ¡Ojo! Los adjetivos terminados en -ble sufren una pequeña modificación antes de agregar -ísimo/a/os/as:

-Hoy hace un día **agradabilísimo.**

Además de la terminación -ísimo/a/os/as, también formamos el superlativo con:

• Muy + adjetivo:

-Pedro es **muy** inteligente = inteligentísimo

-Aquellos árboles son **muy** altos = altísimos

MUY / UN POCO

Muy y *un poco* son formas invariables cuando van seguidas de un adjetivo. Se utilizan para intensificar cualidades:

-Mi casa es *un poco* pequeña.

-Los amigos de Vicente son *muy* simpáticos.

IMPERFECTO / CONDICIONAL DE CORTESÍA

En algunas situaciones, como pedir algo en una tienda, en un restaurante, o solicitar una información telefónica, etc., utilizamos en lugar del Presente de Indicativo el Pretérito Imperfecto de Indicativo. El uso de esta forma de cortesía es muy frecuente con el verbo *querer*. En este caso la forma del Pretérito Imperfecto de Indicativo es equivalente a la del Condicional *(quería = querría)*.

-¿Qué **quería** usted?

-**Querría / quería** una barra de pan y un paquete de café.

PRETÉRITO IMPERFECTO DE INDICATIVO

	QUERER	DESEAR
Yo	quería	deseaba
Tú	querías	deseabas
Él / ella / usted	quería	deseaba
Nosotros / nosotras	queríamos	deseábamos
Vosotros / vosotras	queríais	deseabais
Ellos / Ellas / ustedes	querían	deseaban

CONDICIONAL SIMPLE

	QUERER	DESEAR
Yo	querría	desearía
Tú	querrías	desearías
Él / ella / usted	querría	desearía
Nosotros / nosotras	querríamos	desearíamos
Vosotros / vosotras	querríais	desearíais
Ellos / Ellas / ustedes	querrían	desearían

El uso del condicional en situaciones de cortesía no se limita al verbo *querer*. Véanse los ejemplos:

-¿Me **haría** un favor?

-**¿Podrías** venir mañana a esa misma hora?

-¿Les **importaría** explicarlo otra vez?

-**¿Desearían** algo más?

EXPRESAR CONDICIÓN

- **ACCIONES HABITUALES:**

–Cuando **+ Presente, Presente**   Ej.: Cuando tengo frío, me abrigo más.

–Si **+ Presente, Presente**   Ej.: Si estoy cansada, subo en ascensor.

- **ÓRDENES:**

–Si **+ Presente, Imperativo**   Ej.: Si no ves bien, ponte las gafas.

- **ACCIONES FUTURAS:**

–Si **+ Presente, Futuro Simple**   Ej.: Si hace sol, iremos al parque.

IMPERATIVO

Es incorrecto usar el Infinitivo en lugar de la 2.ª persona del plural de Imperativo.

-¡~~Volver pronto~~!

-¡Volve**d** pronto!

VERBOS IRREGULARES

Las irregularidades se dan siempre en la 2.ª persona del singular.

- **Los verbos que cambian la vocal de la raíz en el Presente de Indicativo también la cambian en el Imperativo.**

e → i	pedir	→	p**i**de / pedid	Otros: freír, elegir, seguir, reñir…
e → ie	mentir	→	m**ie**nte / mentid	Otros: negar, fregar, empezar, herir…
o → ue	contar	→	c**ue**nta / contad	Otros: mover, dormir, volver…
u → ue	jugar	→	j**ue**ga / jugad	Otros: mostrar, colgar, encontrar, tostar…

- **Algunos verbos no tienen la vocal final propia de la 2.ª persona del singular.**

tener	**ten** / tened
poner	**pon** / poned
hacer	**haz** / haced
salir	**sal** / salid
venir	**ven** / venid

- **Otras irregularidades:**

decir	**di** / decid
ir	**ve** / id
oír	**oye** / oíd

- **Los verbos *ser* y *estar* presentan variación:**

estar	esta**te** / estad	Ej.: Estate quieto.
ser	s**é** /sed	Ej.: Sé bueno.

VERBOS PRONOMINALES

Forman el Imperativo con el pronombre unido al verbo y sin la –d propia de la 3.ª persona del plural:

acostarse	acuésta**te** / acosta**os**
ponerse	pon**te** / pone**os**
dormirse	duérme**te** / dorm**íos**

FUTURO SIMPLE DE INDICATIVO: IRREGULARES

	SALIR	**PODER**	**PONER**
Yo	saldré	podré	pondré
Tú	saldrás	podrás	pondrás
Él / ella / usted	saldrá	podrá	pondrá
Nosotros / nosotras	saldremos	podremos	pondremos
Vosotros / vosotras	saldréis	podréis	pondréis
Ellos / Ellas / ustedes	saldrán	podrán	pondrán

	VENIR	**TENER**	**SABER**
Yo	vendré	tendré	sabré
Tú	vendrás	tendrás	sabrás
Él / ella / usted	vendrá	tendrá	sabrá
Nosotros / nosotras	vendremos	tendremos	sabremos
Vosotros / vosotras	vendréis	tendréis	sabréis
Ellos / Ellas / ustedes	vendrán	tendrán	sabrán

	HACER	**HABER**
Yo	haré	habré
Tú	harás	habrás
Él / ella / usted	hará	habrá
Nosotros / nosotras	haremos	habremos
Vosotros / vosotras	haréis	habréis
Ellos / Ellas / ustedes	harán	habrán

	QUERER	**DECIR**
Yo	querré	diré
Tú	querrás	dirás
Él / ella / usted	querrá	dirá
Nosotros / nosotras	querremos	diremos
Vosotros / vosotras	querréis	diréis
Ellos / Ellas / ustedes	querrán	dirán

TRANSCRIPCIONES

LECCIÓN 1

Ejercicio 3

Paloma: ¡Hola!

Mauro: ¡Hola! ¿Qué tal?

Paloma: Bien. ¿Cómo te llamas?

Mauro: Me llamo Mauro. ¿Y tú?

Paloma: Paloma.

Mauro: ¿De dónde eres?

Paloma: Soy española. De Madrid.

Mauro: ¿Cuántos años tienes?

Paloma: Tengo 11 años.

Ana: Buenas tardes.

Roberto: Buenas tardes.

Ana: Soy Ana Jiménez, la madre de Paloma Esteban.

Roberto: Encantado. Yo soy Roberto Ortega, el director del colegio español. ¿De dónde es usted?

Ana: Soy de Madrid, pero ahora vivimos en esta ciudad.

Roberto: Bienvenida.

Ana: Gracias. ¡Hasta luego!

Roberto: Adiós.

Ejercicio 10

cero, uno, dos, tres, cuatro, cinco, seis, siete, ocho, nueve, diez, once, doce, trece, catorce, quince, dieciséis, diecisiete, dieciocho, diecinueve, veinte, veintiuno, veintidós, veintitrés, veinticuatro, veinticinco, veintiséis, veintisiete, veintiocho, veintinueve, treinta

Ejercicio 12

a, be, ce, de, e, efe, ge, hache, i, jota, ka, ele, eme, ene, eñe, o, pe, cu, ere, ese, te, u, uve, uve doble, equis, i griega, zeta

Ejercicio 12.1

che, elle, erre

Ejercicio 14

Argentina, Brasil, Colombia, Dinamarca, Ecuador, Francia, Guatemala, Honduras, Italia, Jamaica, Kenia, Lima, Marruecos, Namibia, España, Oslo, Portugal, Quito, Caracas, El Salvador, Tailandia, Uruguay, Venezuela, Washington, Luxemburgo, Yemen, Amazonia, Chile, Sevilla, Marruecos

Ejercicio 21

mochila, colegio, calle, español, libro, veinte, diez años, hasta mañana, vosotros, adiós

Ejercicio 26

Ramón Ratón ratoneaba con su ratón rato y rato el muy tardón.

LECCIÓN 2

Ejercicio 3

La casa de Julia. Mi casa está en el centro de Madrid. Es un piso y tiene una terraza. Hay tres dormitorios, un salón, una cocina y dos cuartos de baño. El salón es muy grande; hay un sofá, dos sillones, una mesa y una televisión. En un cuarto de baño hay una bañera y en el otro una ducha.

La casa de María. Yo vivo en una casa a las afueras de Valencia. Mi casa tiene cuatro habitaciones, un cuarto de baño, una cocina y un salón. En el salón hay una mesa y un sofá. También hay un pequeño jardín.

Ejercicio 9

lavabo, lavadora, estantería, lámpara, ducha, cuadro

Ejercicio 13

casa, habitación, cien, blanco, América, catorce, cuadro, cosa, once, cuaderno

Ejercicio 14

a, e, i, o, u

Ejercicio 24

Bien, vamos a comenzar por colocar las cosas en el escenario antes de empezar el ensayo. El libro, encima de la mesa. Al lado de la lámpara, la silla... ¡No! A la derecha no, a la izquierda. Vale. Ahora el sillón, al fondo, y junto al sillón, en la pared, el espejo. ¡Perfecto!

LECCIÓN 3

Ejercicio 3

Hoy es el cumpleaños de mi abuela; se llama María y tiene tres hijos y una hija: Pedro, Juan y Lola. Pedro es mi padre y está casado con Celia, mi madre. Tengo una hermana mayor que se llama Laura. Mi tío Juan está casado con mi tía Soledad y tienen dos hijos, mis primos Javier y Tomás. El marido de mi tía Lola se llama José Luis. Ellos tienen una hija que es mi prima Eva. Mi familia es muy simpática.

Ejercicio 12

- gato, goma, guerra

- jaula, julio, Gema

Ejercicio 13

goma, gato, gente, gimnasia, gusano, gorra, García, Gema, girar, gustar

Ejercicio 13.2

guiño, guerra, guisante, merengue

Ejercicio 14

junio, jota, jaula, Jerónimo, Jiménez

Ejercicio 15

jirafa, gorro, gato, junio, Javier, guerrilla, guiso, gusano, goma, jamón, Guillermo, gente

LECCIÓN 4

Ejercicio 3

El lunes a las diez tengo lengua y a las doce y media tengo música. El martes a las nueve tengo matemáticas y a la una y media de la tarde tengo historia. Los miércoles tengo geografía a las diez de la mañana después de inglés. El jueves tengo plástica a las dos y cuarto. El viernes a las 10 tengo educación física. Ah, se me olvidaba, estudio francés los lunes a las dos y cuarto de la tarde. Y al mediodía, a las doce, estoy jugando porque estoy en el recreo.

Ejercicio 4

- Las cinco en punto.

- Las cuatro y media.

- Las dos y cinco.

- Las ocho y cuarto.

Ejercicio 10

Pedro: Mi colegio está muy lejos de mi casa. Casi siempre mi padre me lleva en coche.

Juan: Yo voy al cole en autobús y en metro.

María: Siempre voy al colegio andando.

Antonio: Yo vivo en un pueblo pequeño y voy al colegio en bicicleta.

Luis: Yo voy al colegio en mi moto.

Ejercicio 12

rubio, cara, toro, perro, israelí, Enrique, horrible, alrededor, hierro, revolución, error, salir

Ejercicio 13

ratón, caro, tierra, rojo, amarillo, libro, regla, ruso, Manrique, ir

Ejercicio 15

hermano, amigo, casa, televisión, blanco, balcón, azul, árbol, reloj, página

Ejercicio 22

¿A qué hora te levantas?

¿Haces tu cama todos los días?

¿Qué días de la semana tienes clase de español?

¿Cómo vas al colegio?

¿Qué sueles hacer después de cenar?

Ejercicio 34

rato, cerebro, terror, democracia, honra

LECCIÓN 5

Ejercicio 3

1. –Hola, buenos días. ¿Qué quería?

–Quería un kilo de tomates.

–¿Algo más?

–Sí. ¿Tiene naranjas?

–Sí.

–¿Cuánto valen?

–1,5 euros el kilo.

–Pues… me llevo dos kilos.

2. –¡Hola! ¿Qué deseaba?

–Quería una docena de huevos.

–¿Algo más?

–Sí, una botella de leche.

–Aquí tiene. ¿Algo más?

–No, nada más. ¿Cuánto es todo?

–Son… 3,5.

3. –¡Buenas! Quería una barra de pan, por favor.

–Aquí tiene. ¿Desea algo más?

–No, gracias. ¿Cuánto es?

–40 céntimos.

Ejercicio 6

–Hola, querría unos pantalones vaqueros.

–¿De qué talla?

–De la 38, por favor.

–Aquí tienes.

–¿Cuánto valen?

–Pues… estos cuestan 35 €.

–¡Uf!, son un poco caros. ¿Tiene otros más baratos?

–En este momento, no.

–Bueno, me los llevo. Tenga.

–Gracias.

–Adiós.

–Adiós, buenos días.

Ejercicio 6.2

(Se repite la audición anterior.)

Ejercicio 7

Carlota lleva un vestido gris, un pañuelo rosa, un sombrero negro y zapatos de tacón negros.

David lleva un traje verde, una camisa de algodón blanca, una corbata de tonos oscuros y unos zapatos marrones.

Marisa lleva una falda estampada roja, una blusa de seda blanca y una chaqueta verde oscuro. También lleva unas botas negras.

Manuel lleva una sudadera roja, unos pantalones vaqueros y unas deportivas.

Ejercicio 10

playa, llave, amarilla, oye, ella, ayer, pajarillo, anteayer

Ejercicio 10.2

playa, llave, amarilla, oye, ella, ayer, pajarillo, anteayer

Ejercicio 12

¡Anda!

¿Cuánto vale ese vestido?

¿Tienes un gato marrón?

¡Hola!

Hola, Silvia.

Estos son tus amigos.

¿Dónde vives?

Es la una.

¡Mira, María!

Ejercicio 13

1. ¿Qué tal? ¿Cómo estáis?

2. ¡Hombre, hola!

3. ¿Cuántos hermanos tienes?

4. ¡Qué bien!

5. ¿Nos vamos?

6. ¿Cuánto es?

Ejercicio 23

1. ¿De qué color son tus zapatos?

2. ¿Dónde compras los libros?

3. ¿De qué talla son tus pantalones?

4. ¿Quién es más alto?, ¿tu compañero o tú?

5. ¿Dónde compras la merluza?

LECCIÓN 6

Ejercicio 3

Camarero: ¿Qué van a tomar?

Madre: Yo, de primer plato, quiero verdura a la plancha y de segundo, filete de ternera.

Camarero: ¿Y usted, señor?

Padre: Pues… yo ensalada mixta y después pescado frito.

Pablo: Yo también quiero ensalada, y de segundo, patatas con carne.

Camarero: ¿Y para beber?

Padre: Una botella de agua y… ¿tú qué quieres, Pablo?

Pablo: Yo, un refresco de limón.

Camarero: ¿Qué tal todo?

Madre: Todo está muy bueno, gracias.

Camarero: ¿Qué quieren tomar de postre?

Padre: Yo quiero fruta de temporada.

Pablo: Yo quiero un flan, por favor.

Camarero: ¿Y para usted, señora?

Madre: Para mí, unas natillas.

Padre: Por favor, ¿nos trae la cuenta?

Camarero: Sí, aquí tiene.

Padre: Muchas gracias.

Ejercicio 4

Pedro: A mí me encanta la carne, especialmente asada. Me gustan mucho las ensaladas, y de postre me gusta tomar fruta. ¿Y a ti?, ¿qué comida te gusta?

Ana: A mí no me gusta la carne; prefiero el pescado. Me gustan sobre todo las sardinas. ¡Ah! Y no me gusta nada la fruta. De postre me gusta tomar flan de huevo.

Ejercicio 10

hola, almohada, hoja, humo, hache

Ejercicio 12

quien, casa, queso, colegio, que, cuchara

Ejercicio 13

zapato, zorro, cocina, azul, cero, marzo, gracias

Ejercicio 14

hermano, zumo, zapatería, hacer, cecina, quien, aquella, haber, zueco, cuchillo, almohada, horno, historia, cero, azul, cien

Ejercicio 22

1. A mí me encanta ir al colegio, pero no me gusta nada estudiar inglés.

2. A mí me encantan las vacaciones pero no me gusta ir al colegio.

3. A mí me gustan mucho las frutas pero no me gusta el pescado.

LECCIÓN 7

Ejercicio 3

María: ¡Hola, Juan! ¿Qué te pasa? Tienes mala cara.

Juan: Sí, no me encuentro bien; estoy muy cansado y me duele la cabeza.

María: Pues tómate un vaso de leche y duerme.

Pepe: ¿Cómo estás, Alejandro?

Alejandro: Estoy regular; me duele mucho la espalda.

Luisa: ¿Qué le pasa a tu madre?

Fernando: Está enferma; tiene fiebre y le duelen mucho las piernas. Además tiene tos porque está un poco resfriada.

Ejercicio 4

María tiene frío; no se encuentra bien porque está resfriada.

Pablo está nervioso porque le van a sacar una muela.

Jaime está muy cansado y tiene mucho sueño.

Sonia está deprimida porque su amiga Marta está enferma.

Clara tiene mucha hambre.

Ejercicio 11

abuela / vuelo; rubio / vino; bajo / vaso; boca / vosotros; beso / vestido

Ejercicio 12.1

invierno, hablo, estable, abrir, hambre, invertir, fiebre, enviar, libro, blanco, brazo, septiembre, cambiar, hamburguesa

Ejercicio 25

pecho, mano, hombro, cejas, orejas, rodilla, pie, cuello

LECCIÓN 8

Ejercicio 3

1.

David: Hola, Paz, soy David. ¿Qué tal?

Paz: Muy bien, ¿y tú?

David: Bien, bien. Oye, te llamo para saber qué planes tienes para este fin de semana. ¿Qué vas a hacer?

Paz: Pues... el sábado por la mañana voy a ir a casa de María para terminar el trabajo de geografía, pero por la tarde no sé lo que haremos. ¿Y tú?

David: Yo voy a ir al cine por la tarde. Y el domingo voy a ir con Pedro a jugar al tenis.

2.

Julio: Mamá, el próximo lunes nos vamos de excursión con el colegio.

Madre: ¡Qué bien! ¿Y dónde vais a ir?

Julio: Vamos a visitar unas excavaciones arqueológicas.

3.

Luis: ¿Tú qué vas a hacer el año que viene?

Sonia: Voy a estudiar en la universidad. Quiero ser arquitecta, me gusta mucho el dibujo. ¿Y tú?

Luis: Yo también voy a estudiar, quiero ser médico. Pero

antes de ir a la universidad voy a pasar un año en el extranjero para aprender un idioma.

Ejercicio 5

1. De mayor realizaré reportajes de naturaleza. Me gusta observar y fotografiar todo lo que veo.

2. A mí me encanta organizar el tráfico. Ordenaré la circulación en las calles.

3. Yo quiero tener mi propio grupo de música. Actuaré por todo el país.

4. Yo trabajaré con mis manos, mi pincel y mis pinturas.

5. Pues yo cuidaré de los animales. Me encanta trabajar con ellos.

6. Siempre estoy bailando. La danza, la música siempre estarán conmigo.

Ejercicio 12

esperar, pescar, exquisito, saxofón, extraño, excelente, español, estrenar, oxígeno, exterior, extraordinario, próximo

Ejercicio 13

Un extraordinario saxofonista extranjero toca una extraña y excelente canción con su saxofón.

Ejercicio 20

-Bueno, chicos, ya sabéis que el viernes vamos a ir de excursión a Madrid y no tendremos clase.

-¡Bien!

-Vale, vale. Saldremos del colegio a las ocho y media. Vamos a ir en autobús; el autobús nos esperará en la puerta. A las diez y media, más o menos, llegaremos a Madrid. Primero iremos a ver el Museo del Prado, después daremos una vuelta por el Retiro y a las dos y media comeremos. Llevaremos la comida en la mochila. Por la tarde pasearemos por las calles más bonitas de Madrid y visitaremos el Palacio Real. A las siete saldremos de Madrid y llegaremos a las nueve. El autobús nos dejará en la puerta del colegio.

Ejercicio 29

extranjero, próximo, estupendo, excelente, baloncesto, texto

GLOSARIO

Este GLOSARIO traducido recoge alfabéticamente el vocabulario que los alumnos deben conocer al final del curso. Se han añadido aquellos vocablos relacionados con el campo semántico de cada lección, diferenciándose tipográficamente con otro color. Al final del mismo se incluyen, por lecciones, los Giros y Expresiones estudiados en cada función comunicativa, añadiendo otros que pueden resultar de gran ayuda para el estudiante.

ESPAÑOL	INGLÉS	FRANCÉS	ALEMÁN	ITALIANO
A				
abierto	open, opened	ouvert	offen, geöffnt	aperto
abogado	lawyer	avocat	Rechtsanwalt	avvocato
abrigarse	to wrap up warm	s'emmitoufler, se couvrir	sich warm anziehen	coprirse
abrigo	coat	manteau	Mantel	cappotto
abril	april	avril	April	aprile
abrir	to open	ouvrir	öffnen, aufmachen	aprire
abuelo	grandfather	grand-père	Großvater	nonno
aburrido	bored, boring	ennuyé, ennuyeux	langweilig	annoiato, noioso
aceite	oil	huile	Öl	olio
aconsejar	to advise	conseiller	raten	consigliare
acordarse (de)	to remember	se souvenir, se rappeler	sich erinnern	ricordarsi
acostarse	to go to bed	se coucher	ins Bett gehen	andare a letto
actividad	activity	activité	Tätigkeit, Aktivität	attività
actor	actor	acteur	Schauspieler	attore
actuar	to act, to perform	jouer	spielen, auftreten	recitare, lavorare
adiós	goodbye	adieu	tschüs, auf Wiedersehen	ciao
adivinar	to guess	deviner	raten, erraten	indovinare
adjetivo	adjective	adjectif	Adjektiv	aggettivo
afición	liking, taste	penchant, goût	Vorliebe, Neigung	inclinazione, hobby
afueras	outskirts	périphérie	Stadtrand	periferia
agua	water	eau	Wasser	acqua
agua mineral	mineral water	eau minérale	Mineralwasser	acqua minerale
ahora	now	maintenant	jetzt, nun	adesso, ora
albañil	bricklayer	maçon	Maurer	muratore
alegre	happy, cheerful	gai, joyeux	fröhlich, heiter	allegro, gioioso
alfabeto	alphabet	alphabet	Alphabet	alfabeto
algodón	cotton	coton	Baumwolle	cotone
alimentación	diet, feeding, food	alimentation	Ernährung	alimentazione
alimento	food	nourriture	Nahrung	alimento, cibo
alrededor (de)	around, about	autour (de)	um... (herum), rund um	intorno (a)
alto	tall, high, loud	haut, grand	hoch, groß, laut	alto
alumno	pupil, student	élève	Schüler, Student	allievo, alunno
amarillo	yellow	jaune	gelb	giallo
ambiente	environment	environnement	Umwelt	ambiente
amigo	friend	ami	Freund	amico
amplio	wide, broad	large, ample	weit, breit	ampio
andar	to walk	marcher	(zu Fuß) gehen	camminare
animal	animal	animal	Tier	animale
ánimo	mood, spirits	humeur, courage	Stimmung, Gemüt	animo, spirito
aniversario	anniversary	anniversaire	Jahrestag, Jubiläum	anniversario
antes (de)	before	avant (de)	vor	prima (di)
anuncio	advertisement	annonce, publicité	Anzeige, Annonce	annuncio, publicità
año	year	année	Jahr	anno
aparecer	to appear	apparaître	erscheinen, auftreten	apparire, comparire
apartamento	apartment, flat	appartement	Appartement, Wohnung	appartamento
apellidarse	to be called	s'appeler	heißen	chiamarsi
apellido	surname	nom (de famille)	Familienname	cognome
aperitivo	aperitif, appetizer	apéritif, amuse-gueule	Aperitif, Appetithappen	aperitivo
aprender	lernen	apprendre	lernen	imparare
aprobar	to pass	réussir	bestehen	promuovere
apuntarse (a)	to sign up, to enroll	s'inscrire	sich einschreiben	iscriversi
árbol	tree	arbre	Baum	albero
armario	wardrobe, closet	armoire, placard	Schrank	armadio

ESPAÑOL	INGLÉS	FRANCÉS	ALEMÁN	ITALIANO
arquitecto	architect	architecte	Architekt	architetto
arroz	rice	riz	Reis	riso
asado	roast	rôti	Braten	arrosto
ascensor	lift, elevator	ascenseur	Aufzug	ascensore
asignatura	subject	matière	Fach	materia
aspirina	aspirin	aspirine	Aspirin	aspirina
atención	attention	attention	Aufmerksamkeit	attenzione
atleta	athlete	athlète	Athlet	atleta
autobús	bus	autobus	Autobus	autobus
ayudar	to help	aider	helfen	aiutare
azúcar	sugar	sucre	Zucker	zucchero
azul	blue	bleu	blau	azzurro

B

ESPAÑOL	INGLÉS	FRANCÉS	ALEMÁN	ITALIANO
bailar	to dance	danser	tanzen	ballare
bailarín	dancer	danseur	Tänzer	ballerino
bajo	short, low	bas, petit	niedrig, klein, leise	basso
balcón	balcony	balcon	Balkon	balcone
baloncesto	basketball	basket-ball	Basketball	pallacanestro
bañarse	to bathe	se baigner	(sich) baden	bagnarsi
bañera	bathtub	baignoire	Badewanne	vasca da bagno
bar	bar	bar	Bar	bar
barato	cheap	(à) bon marché	billig	a buon mercato, economico
barba	beard	barbe	Bart	barba
barbilla	chin	menton	Kinn	mento
barra de pan	stick, French loaf	baguette	Baguette	filone di pane
barrer	to sweep	balayer	fegen, kehren	spazzare
bebida	drink	boisson	Getränk	bevanda, bibita
besar	to kiss	embrasser	küssen	baciare
beso	kiss	baiser	Kuss	bacio
bicicleta	bicycle	bicyclette	Fahrrad	bicicletta
bien	well, good	bien	gut	bene
bigote	mustache	moustache	Schnurrbart	baffi
bistec	(beef)steak	bifteck	(Beaf)steak	bistecca
blanco	white	blanc	weiß	bianco
blusa	blouse	chemisier	Bluse	camicetta
boca	mouth	bouche	Mund	bocca
bocadillo	sandwich	sandwich	belegtes Brot	panino
boda	wedding	mariage	Hochzeit	matrimonio
bolígrafo	ballpoint pen	stylo-bille	Kugelschreiber	penna a sfera
bolsa	bag	sac	Beutel	borsa
bollo	roll, bun	pain au lait, brioche	Hefegebäck, Brötchen	panino dolce
bombero	fireman	pompier	Feuerwehrmann	pompiere, vigile di fuoco
bonito	pretty, nice	joli	schön, hübsch	bello
borrador	eraser	gomme, brosse	Radiergummi	gomma, cancelino
bota	boot	botte	Stiefel	stivale
bote	can	boîte	Dose	lattina
botella	bottle	bouteille	Flasche	bottiglia
brazo	arm	bras	Arm	braccio
bueno	good	bon	gut	buono
bufanda	scarf	écharpe	Schal	sciarpa
buhardilla	attic	mansarde	Mansarde, Dachboden	soffitta
buscar	to look for, to seek	chercher	suchen	cercare

C

ESPAÑOL	INGLÉS	FRANCÉS	ALEMÁN	ITALIANO
cabeza	head	tête	Kopf	testa
café	coffee	café	Kaffee	caffè
cafetería	coffee shop, coffee bar	snack-bar	Kaffeehaus, Café	caffè
calendario	calendar	calendrier	Kalender	calendario
caliente	hot	chaud	heiß, warm	caldo
calor	heat	chaleur	Hitze, Wärme	caldo, calore
calvo	bald	chauve	kahl	calvo
calle	street	rue	Straße	strada, via
cama	bed	lit	Bett	letto
camarero	waiter, barman	garçon	Kellner, Barman, Ober	cameriere
cambiar	to change	changer	ändern wechseln	cambiare
camisa	shirt	chemise	Hemd	camicia
camiseta	shirt, t-shirt, jersey	tee-shirt, maillot	T-Shirt	t-shirt, maglia, maglietta
campamento	camp	campement	Lager	campo, accampamento
cano	white (hair)	blanc (cheveux)	grauhaarig, weiß	canuto
cansado	tired	las, fatigué	müde	stanco
cantante	singer	chanteur	Sänger	cantante

ESPAÑOL	INGLÉS	FRANCÉS	ALEMÁN	ITALIANO
carne	meat	viande	Fleisch	carne
carnicería	butcher's shop	boucherie	Metzgerei	macelleria
caro	expensive	cher	teuer	caro
carpintero	carpenter	menuisier	Tischler	falegname
carta	letter	lettre	Brief	lettera
casado	married	marié	verheiratet	sposato
casi	nearly, almost	presque	fast, beinahe	quasi
castaño	chestnut, brown	châtain, brun	kastanienbraun, braun	castano
ceja	eyebrow	sourcil	Augenbraue	sopracciglio
celebrar	to celebrate	célébrer	feiern, abhalten	celebrare
cena	supper, dinner	dîner	Abendmahl	cena
cenar	to have dinner, to have supper	dîner	zu Abend essen	cenare
céntimo	cent, penny	centime, sou	Hundertstel, Pfennig	centesimo
centro	center	centre	Zentrum, Mitte	centro
cerca (de)	near	près	nah(e)	vicino, presso
cerdo	pig	cochon, porc	Schwein	maiale
cereales	cereals, grain, corn	céréales	Getreide	cereali
ceremonia	ceremony	cérémonie	Zeremonie	cerimonia
cerrado	closed	fermé	geschlossen	chiuso
cerrar	to close	fermer	schließen	chiudere
cerveza	beer	bière	Bier	birra
chalé	cottage, house	chalet	Landhaus, Einfamilienhaus	villetta, chalet
chándal	tracksuit	survêtement	Jogginganzug	tuta
chaqueta	jacket	veste	Jacke, Jackett	giacca
chico	boy	garçon	Junge	ragazzo
chocolate	chocolate	chocolat	Schokolade	cioccolato, cioccolata
chorizo	sausage	saucisson au piment	Paprikawurst	salsiccia, salsicciotto
chuleta	chop	côtelette	Kotelett	costoletta, braciola
ciclismo	cycling, biking	cyclisme	Radsport	ciclismo
ciclista	cyclist	cycliste	Radfahrer	ciclista
cielo	sky	ciel	Himmel	cielo
cigarrillo	cigarette	cigarette	Zigarette	sigaretta
cine	cinema	cinéma	Kino	cinema
ciudad	town, city	ville	Stadt	città
clásico	classical, traditional	classique	klassisch	classico
coche	car	voiture	Wagen	macchina
cocido	boiled	cuit, bouilli	gekocht	cotto
cocina	kitchen	cuisine	Küche	cucina
cocinero	cook	cuisinier	Koch	cuoco
coger	to take, to catch	prendre	fassen, ergreifen	prendere
colegio	school	école	Schule	scuola
coliflor	cauliflower	chou-fleur	Blumenkohl	cavolfiore
color	color	couleur	Farbe	colore
columna	column, pillar	colonne	Säule, Kolumne, Spalte	colonna
comer	to eat	manger	essen	mangiare
comida	food, meal	nourriture, repas	Nahrung, Essen, Mahlzeit	cibo, pasto
cómodo	comfortable	confortable	bequem	comodo
compañero	mate	camarade, copain	Kamerad, Kumpel	compagno
comparar	to compare	comparer	vergleichen	paragonare, comparare
completar	to complete	compléter	ergänzen	completare
comprar	to buy	acheter	kaufen	comprare
concierto	concert	concert	Konzert	concerto
condición	condition	condition	Bedingung	condizione
conductor	driver	conducteur, chauffeur	Fahrer	autista, guidatore
consejo	advice	conseil	Rat	consiglio
conservar	to keep, to preserve	conserver, garder	erhalten	conservare
constructor	builder	constructeur	Erbauer	costruttore
consulta	surgery	consultation, cabinet	Sprechstunde, Praxis	consulto, ambulatorio
consultar	to consult	consulter	zu Rate ziehen, konsultieren	consultare
consumir	to consume	consommer	konsumieren, verbrauchen	consumare
contar	to tell, to count	raconter, compter	erzählen, zählen	raccontare, contare
contento	happy, content	content	froh, fröhlich	contento
contestar	to answer	répondre	antworten	rispondere
contrario	opposite, contrary	contraire	entgegengesetz, Gegenteil	contrario
corbata	tie, necktie	cravate	Krawatte	cravatta
cordero	lamb	agneau	Lamm	agnello
corregir	to correct	corriger	korrigieren, verbessern	correggere
correr	to run	courir	rennen, laufen	correre
corresponder	to be appropriate	être approprié	geeignet sein	essere appropriato
cortina	curtain	rideau	Vorhang	tenda
corto	short	court	kurz	corto
cosa	thing	chose	Ding, Sache	cosa

ESPAÑOL	INGLÉS	FRANCÉS	ALEMÁN	ITALIANO
coser	to sew	coudre	nähen	cucire
costumbre	custom, habit	coutume, habitude	Sitte, Angewohnheit	usanza, abitudine
cuaderno	exercise book, notebook	cahier	Heft	quaderno
cuadro	painting, picture	tableau, peinture	Gemälde, Bild	quadro, dipinto
cuando	when	quand, lorsque	wenn	quando
cuánto	how much	combien	wie viel	quanto
cuarto de baño	bathroom	salle de bains	Badezimmer	(stanza da) bagno
cubiertos	cutlery	couverts	Besteck	posate
cuchara	spoon	cuillière	Löffel	cucchiaio
cuchillo	knife	couteau	Messer	coltello
cuello	neck	cou	Hals	collo
cuento	short story, tale	conte	Kurz(geschichte), Erzählung	racconto
cuerpo	body	corps	Körper	corpo
cuidar	to look after, to take care of	soigner	aufpassen	curare, badare
cumpleaños	birthday	anniversaire	Geburtstag	compleanno
cuñado	brother-in-law	beau-frère	Schwager	cognato
curar	to cure, to heal	soigner, guérir	heilen	guarire
curso	course, year	cours	Lehrgang, Kurs	corso

D

ESPAÑOL	INGLÉS	FRANCÉS	ALEMÁN	ITALIANO
danza	dance	danse	Tanz	ballo, danza
dato	piece of information, fact	donnée	Angabe	dato
debajo	under, underneath	sous	unter	sotto
deberes	homework	devoirs	Hausaufgaben	compiti
débil	weak	faible	schwach	debole
decir	to say	dire	sagen	dire
dedo	finger	doigt	Finger	dito
delante	in front (of)	devant	vor	davanti
deletrear	to spell	épeler	buchstabieren	compitare
delgado	thin	maigre, mince	dünn, schlank	magro
dentista	dentist	dentiste	Zahnarzt	dentista
dentro (de)	in, inside	dans, dedans	in, innen	dentro
deporte	sport	sport	Sport	sport
deportista	sportsman	sportif	Sportler	sportivo
deportivas (zapatillas)	trainers, sneakers	chaussures de sport	Turnschuhe, Trainingsschuhe	scarpe da ginnastica
deprimido	depressed	déprimé	deprimiert	depresso
derecha	right	droite	rechte	destra
desayunar	to have breakfast	prendre le petit déjeuner	frühstücken	fare prima colazione
desayuno	breakfast	petit déjeuner	Frühstück	prima colazione
descansar	to rest	se reposer	sich ausruhen	riposare
describir	describe	décrire	beschreiben	descrivere
descubrimiento	discovery	découverte	Entdeckung	scoperta
desear	to like, to wish, to want	désirer	mögen, wünschen	desiderare
despedirse	to say goodbye	dire au revoir, prendre congé	sich verabschieden	prendere congedo
después (de)	after	après	nach, nacher	dopo
detrás (de)	behind	derrière	hinter	dietro
día	day	jour	Tag	giorno
diálogo	dialogue, conversation	dialogue	Dialog, Gespräch	dialogo
dibujo	drawing	dessin	Zeichnung	disegno
diciembre	December	décembre	Dezember	dicembre
diente	tooth	dent	Zahn	dente
diferencia	difference	différence	Unterschied	differenza
dirección	address	adresse	Adresse	indirizzo
disfrutar (de)	to enjoy	jouir	genießen	godere
divertido	fun, funny	amusant	lustig	divertente
doce	twelve	douze	zwölf	dodici
docena	dozen	douzaine	Dutzend	dozzina
doler	to hurt	faire mal	schmerzen	far male
dolor	pain	douleur	Schmerz	dolore
domingo	Sunday	dimanche	Sonntag	domenica
dónde	where	où	wo	dove
dormitorio	bedroom	chambre à coucher	Schlafzimmer	camera da letto
ducha	shower	douche	Dusche	doccia
ducharse	to take a shower	se doucher	sich duschen	fare la doccia
dulce	sweet	doux	süß	dolce

E

ESPAÑOL	INGLÉS	FRANCÉS	ALEMÁN	ITALIANO
educación física	physical education	éducation physique	Turnen	educazione fisica
ejemplo	example	exemple	Beispiel	essempio
elegante	smart	élégant	elegant	elegante
elegir	to choose	choisir	wählen	scegliere

ESPAÑOL	INGLÉS	FRANCÉS	ALEMÁN	ITALIANO
empezar	to begin	commencer	beginnen	cominciare
encantar	to love	adorer	erfreuen, begeistern	adorare
encima (de)	on, over	sur	auf, über	su, sopra
encontrarse	to meet	se retrouver, se rencontrer	sich treffen	incontrarsi
enero	January	janvier	Januar	gennaio
enfadarse	to get angry	se fâcher	sich ärgern	arrabbiarsi
enfermero	nurse	infirmier	Krankenpfleger	infermiere
enfermo	ill	malade	Kranke	malato
ensalada mixta	mixed salad	salade composée	gemischter Salat	insalata mista
entender	to understand	comprendre	verstehen	capire
entrar	to come in, to enter	entrer	eintreten	entrare
envase	container, box	emballage, récipient	Verpackung	recipiente
equipo	team, group	équipe, groupe	Team, Arbeitsgruppe	gruppo
error	mistake	erreur	Fehler	errore
escribir	to write	écrire	schreiben	scrivere
escritor	writer	écrivain	Schriftsteller	scrittore
escuchar	to listen	écouter	zuhören	ascoltare
espalda	back	dos	Rücken	schiena
esquí	ski	ski	Ski	sci
estampado	printed, patterned	imprimé	bedruckt	stampato
estantería	shelves, bookcase	étagère	Regal	scaffale
este	east	est	Ost	est
estilo	style	style	Stil	stile
estómago	stomach	estomac	Magen	stomaco
estudiante	student	étudiant	Student	studente
estudiar	to study	étudier	studieren	studiare
estudio	study	étude	Lernen, Studium	studio
examen	examination, test	examen	Prüfung	esame
excavación	excavation, digging	excavation, fouille	Ausbaggerung, Ausgrabung	scavo
excursión	trip, excursion	excursion, tour	Ausflug	gita, escursione
expresión	expression	expression	Ausdruck	espressione
exterior	outside	extérieur	äußere, Äußere	esterno
extranjero	foreigner, abroad	étranger	Ausländer, Ausland	straniero, estero

F

ESPAÑOL	INGLÉS	FRANCÉS	ALEMÁN	ITALIANO
falda	skirt	jupe	Rock	gonna
fama	fame	célébrité, réputation	Ruhm	fama
familia	family	famille	Familie	famiglia
famoso	famous	célèbre	berühmt	famoso
fatal	awful, terrible	fatal, très mal	übel, fatal, schlecht	orribile, fatale
febrero	February	février	Februar	febbraio
fecha	date	date	Datum	data
femenino	feminine	féminin	feminin	femminile
feo	ugly	laid	häßlich	brutto
fiesta	party, festival, feast	fête	Fest	festa
fijarse (en)	to notice, to watch	remarquer, faire attention	beachten, bemerken	notare, fare attenzione
fila	row	rang	Reihe	fila
filete	fillet, steak	filet, bifteck	Filet	filetto
fin de semana	weekend	week-end	Wochenende	fine settimana, weekend
flan	crème caramel	flan	Karamellpudding	flan, crème caramel
flexo	desk lamp	lamp de bureau	Schreibtischlampe	lampada da tavolo
fontanero	plumber	plombier	Klempner, Installateur	idraulico
foto	photo, picture	photo	Foto, Bild	foto
fotógrafo	photographer	photographe	Fotograf	fotografo
frase	sentence	phrase	Satz	frase
frecuencia	frequency	fréquence	Häufigkeit	frequenza
fregadero	sink	évier	Spüle	acquaio
fregar	to wash	laver	spülen	lavare
frente	forehead, brow	front	Stirn	fronte
fresco	fresh, cold	frais	frisch, kühl	fresco
frigorífico	refrigerator, fridge	réfrigérateur	Kühlschrank	frigorifero
frío	cold	froid	kalt	freddo
frito	fried	frit	gebraten	fritto
fruta	fruit	fruit	Obst	frutta
frutería	greengrocer's, fruit shop	magasin de fruits	Obsthandlung	frutteria
fuego	fire	feu	Feuer	fuoco
fuera (de)	out, outside	hors, dehors	außer, draußen	fuori
fuerte	strong	fort	stark	forte
fumar	to smoke	fumer	rauchen	fumare
fútbol	football	football	Fußball	calcio
futbolista	football player, footballer	footballeur, joueur de football	Fußballspieler	calciatore

	INGLÉS	FRANCÉS	ALEMÁN	ITALIANO
gafas	glasses	lunettes	Brille	occhiali
galleta	cookie, biscuit	biscuit	Keks	biscotto
gamba	prawn, shrimp	crevette	Krabbe, Garnele	gamberetto
garganta	throat	gorge	Kehle	gola
geografía	geography	géographie	Geographie	geografia
gesto	gesture	geste	Geste, Gebärde	gesto
gimnasio	gymnasium	gymnase	Turnhalle	palestra
girar	to turn	tourner	drehen, abbiegen	voltare, girare
gordo	fat	gros	dick	grasso
gorra	cap	casquette	Mütze	berretto
grande	big, large	grand	groß	grande
granizar	to hail	grêler	hageln	grandinare
guapo	handsome, good-looking	beau	schön, gutaussehend	bello
guisante	pea	petit pois	Erbse	pisello
gustos	tastes	goûts	Geschmäcker	gusti

H

habitación	room	pièce, chambre	Zimmer	stanza
hábito	habit	habitude	Angewohnheit	abitudine
habitual	usual	habituel	gewöhnlich	abituale
hablar	to speak, to talk	parler	sprechen	parlare
hacer	to do, to make	faire	tun, machen	fare
hamburguesa	hamburger	hamburger	Hamburger	hamburger
harina	flour	farine	Mehl	farina
helado	ice cream	glace	Eiscreme	gelato
hermano	brother	frère	Bruder	fratello
hijo	son	fils	Sohn	figlio
hoja	sheet	feuille	Blatt	foglio
hombro	shoulder	épaule	Schulter	spalla
hora	hour	heure	Stunde	ora
horario	timetable, schedule	horaire	Zeitplan	orario
horno	oven	four	Backofen	forno
horóscopo	horoscope	horoscope	Horoskop	oroscopo
hospital	hospital	hôpital	Krankenhaus	ospedale
huevo	egg	oeuf	Ei	uovo

I

idioma	language	langue	Sprache	lingua
imaginar	to imagine, to suppose	imaginer	sich vorstellen, vermuten	immaginare
importante	important	important	wichtig	importante
incluido	including, inclusive	inclus, compris	einschließlich, inklusive	incluso, compresso
información	information	information	Information, Auskunft	informazione
informático	computer specialist	informaticien	Informatiker	informatico
inscripción	enrollment, registration	inscription	Einschreibung	iscrizione
instituto	high school, secondary school	lycée	Gymnasium	istituto
instrucción	education	instruction	Bildung	istruzione
interesante	interesting	intéressant	interessant	interessante
invierno	winter	hiver	Winter	inverno
izquierda	left	gauche	linke	sinistra

J

jamón	ham	jambon	Schinken	prosciutto
jardín	garden	jardin	Garten	giardino
jarra	jug, pitcher	carafe, cruche	Krug	brocca
jersey	jersey, sweater	pull-over, maillot	Pullover	jersey, maglia
jueves	Thursday	jeudi	Donnerstag	giovedì
jugador	player	joueur	Spieler	giocatore
jugar	to play	jouer	spielen	giocare
julio	July	juillet	Juli	luglio
junio	June	juin	Juni	giugno

K

kilo	kilo	kilo	Kilo	chilo

L

labio	lip	lèvre	Lippe	labbro
lámpara	lamp	lampe	Lampe	lampada
lana	wool	laine	Wolle	lana
lápiz	pencil	crayon	Bleistift	matita

ESPAÑOL	INGLÉS	FRANCÉS	ALEMÁN	ITALIANO
largo	long	long	lang	lungo
lata	can, tin	boîte	Dose	lattina, barattolo
lavabo	washbasin	lavabo	Waschbecken	lavandino
lavadora	washing machine	machine à laver	Waschmaschine	lavatrice
lavandería	laundry	blanchisserie	Wäscherei	lavanderia
lavar(se)	to wash	se laver	sich waschen	lavarsi
lavavajillas	dishwasher	lave-vaisselle	Geschirrspüler	lavastoviglie
lección	lesson	leçon	Lektion	lezione
leche	milk	lait	Milch	latte
lechuga	lettuce	laitue	Kopfsalat	lattuga
lectura	reading	lecture	Lesen	lettura
leer	to read	lire	lesen	leggere
legumbre	legume, pulse	légume	Hülsenfrucht	legume
lejano	far-off	lointain	entfernt, fern	lontano
lejos (de)	far	loin	fern	lungi, lontano
lengua	language, tongue	langue	Sprache, Zunge	lingua
lenguado	sole	sole	Seezunge	sogliola
león	lion	lion	Löwe	leone
levantarse	to get up	se lever	aufstehen	alzarsi
librería	bookshop	librairie	Buchhandlung	librería
libro	book	livre	Buch	libro
limón	lemon	citron	Zitrone	limone
limpiar	to clean	nettoyer	putzen	pulire
limpieza	cleaning, cleanliness	nettoyage, propreté	Putzen, Säuberung	pulizia
líquido	liquid	liquide	Flüssigkeit	liquido
liso	smooth, flat	lisse, plat	glatt	liscio
local	premises, place	local	Raum, Lokal	locale
lugar	place	lieu, endroit	Ort	luogo
lujo	luxury	luxe	Luxus	lusso
luminoso	bright, luminous	lumineux	hell, leuchtend	luminoso
luna	moon	lune	Mond	luna
lunes	Monday	lundi	Montag	lunedì
llamarse	to be called	s'appeler	heißen	chiamarsi
llegar	to arrive	arriver	ankommen	arrivare
llevar	to take, to carry, to wear	porter	tragen	portare
llover	to rain	pleuvoir	regnen	piovere
lluvia	rain	pluie	Regen	pioggia

M

ESPAÑOL	INGLÉS	FRANCÉS	ALEMÁN	ITALIANO
madalena	madeleine	madeleine	Madeleine (Biskuit)	maddalena
madre	mother	mère	Mutter	madre
mal	bad, badly, wrong	mal, mauvais	schlecht	male
maleta	suitcase	valise	Koffer	valigia
mano	hand	main	Hand	mano
mantel	tablecloth	nappe	Tischtuch	tovaglia
manzana	apple	pomme	Apfel	mela
mañana	tomorrow	demain	morgen	domani
mapa	map	carte	Karte	carta, mappa
mar	sea	mer	Meer, See	mare
maratón	marathon	marathon	Marathon	maratona
marcar	to mark	marquer	markieren, kennzeichnen	segnare, marcare
marisco	seafood	fruits de mer	Meeresfrucht	frutti di mare
marrón	brown	marron	braun	marrone
martes	Tuesday	mardi	Dienstag	martedì
marzo	March	mars	März	marzo
más	more	plus	mehr	più
masculino	masculine	masculin	maskulin	maschile
matemáticas	mathematics	mathématiques	Mathematik	matematica
mayo	May	mai	Mai	maggio
médico	doctor	médecin	Arzt	dottore
mejilla	cheek	joue	Wange	guancia
mejillón	mussel	moule	Miesmuschel	cozza
melón	melon	melon	(Zucker)melone	melone
menos	less	moins	weniger, wenigst	meno
menú	menu	menu	Menü, Speisekarte	menu
merendar	to have an afternoon snack	goûter	vespern	merendare, fare merenda
merienda	afternoon snack	goûter	Vesper	merenda, spuntino
merluza	hake	merlu, colin	Meerhecht	nasello
mesa	table	table	Tisch	tavolo
mesón	tavern, inn	auberge	Gasthaus, Gaststätte	osteria
metro	underground, subway	métro	U-bahn	metropolitana

ESPAÑOL	INGLÉS	FRANCÉS	ALEMÁN	ITALIANO
miembro	limb	membre	Glied	arto
miércoles	Wednesday	mercredi	Mittwoch	mercoledì
mirar	to look	regarder	schauen, ansehen	guardare
mochila	satchel	cartable	Ranzen	cartella
moderno	modern	moderne	modern	moderno
momento	moment	momento	Augenblick, Moment	attimo
moreno	dark	brun	braun	bruno
moto	motorcycle, scooter	moto	Motorrad	moto
mucho	much, a lot	beaucoup	viel	molto
mueble	piece of furniture	meuble	Möbelstück	mobile
mundo	world	monde	Welt	mondo
museo	museum	musée	Museum	museo, galleria
música	music	musique	Musik	musica
músico	musician	musicien	Musiker	musicista, musico
muy	very	très	sehr	molto

N

ESPAÑOL	INGLÉS	FRANCÉS	ALEMÁN	ITALIANO
naranja	orange	orange	Apfelsine, Orange	arancia
nariz	nose	nez	Nase	naso
nata	cream	crème	Sahne	panna
natillas	custard	crème renversée, crème anglaise	Cremespeise, Vanillepudding	crema inglese
naturaleza	nature	nature	Natur	natura
Navidad	Christmas	Nöel	Weinachten	Natale
necesitar	to need	avoir besoin	brauchen, benötigen	avere bisogno
negativo	negative	négatif	negativ	negativo
negro	black	noir	schwarz	nero
nevar	to snow	neiger	schneien	nevicare
nieto	grandson	petit-fils	Enkel	nipote
nieve	snow	neige	Schnee	neve
noreste	northeast	nord-est	Nordosten	nordest
normal	normal	normal	normal	normale
noroeste	northwest	nord-ouest	Nordwesten	nordovest
norte	north	nord	Norden	nord
nota	mark, grade	note	Note	voto
noviembre	November	novembre	November	novembre
nuevo	new	neuf	neu	nuovo
número	number	numéro, nombre	Nummer, Zahl	numero
nunca	never	jamais	nie, niemals, nimmer	mai

O

ESPAÑOL	INGLÉS	FRANCÉS	ALEMÁN	ITALIANO
objeto	object	objet	Gegenstand, Ding	oggetto
obligación	obligation, duty	devoir, obligation	Verpflichtung	dovere, obbligo
observar	to watch, to observe	observer, regarder	beobachten	osservare, guardare
ocasión	occasion, opportunity	occasion	Gelegenheit	occasione
octubre	October	octobre	Oktober	ottobre
oculista	oculist	oculiste	Augenarzt	oculista
odiar	to hate	détester, haïr	hassen	odiare
oído	ear	oreille	Ohr	orecchio
oír	to hear	entendre	hören	sentire
ojo	eye	oeil	Auge	occhio
oler	to smell	sentir	riechen	odorare, sentire
oral	oral	oral	mündlich	orale
orden	order	ordre	Befehl	ordine
ordenador	computer	ordinateur	Computer, Rechner	computer
oreja	ear	oreille	Ohr	orecchia
organizar	to organize, to arrange	organiser	organisieren	organizzare
oscuro	dark	obscur	dunkel	scuro, cupo
otoño	fall, autumn	automne	Herbst	autunno

P

ESPAÑOL	INGLÉS	FRANCÉS	ALEMÁN	ITALIANO
paciencia	patience	patience	Geduld	pazienzia
padre	father	père	Vater	padre
pagar	to pay	payer	zahlen, bezahlen	pagare
país	country	pays	Land	paese
paisaje	landscape	paysage	Landschaft	paesaggio
palabra	word	parole	Wort	parola
palacio	palace	palais	Palast	palazzo
pan	bread	pain	Brot	pane
panadería	bakery, baker's shop	boulangerie	Bäckerei	panetteria, panificio
pantalón	trousers	pantalon	Hose	pantaloni, calzoni
pantalón vaquero	jeans	jean	Jeans	jeans

ESPAÑOL	INGLÉS	FRANCÉS	ALEMÁN	ITA
pañuelo	handkerchief, scarf	mouchoir	Taschentuch	fazzo
papelera	wastebasket, litter bin	corbeille à papier, poubelle	Papierkorb, Abfallkorb	cestino,
papelería	stationer's, stationery store	papeterie	Schreibwarengeschäft	cartoleria
paquete	parcel, packet	paquet, colis	Paket	pacco, pacch
pared	wall	mur	Wand, Mauer	parete, muro
parte	part	partie, part	Teil, Gegend	parte
partido	game, match	match	Spiel, Match	partita
pasar	to go past, to pass	passer	vorbeikommen, vorbeigehen	passare
pasear	to walk	promener	spazieren gehen	passeggiare
pasillo	corridor	couloir	Korridor, Flur	corridoio
pasta	pasta	pâte	Nudeln, Teigwaren	pasta
patata	potato	pomme de terre	Kartoffel	patata
patatas fritas	chips, French fries	frites, chips	Pommes frites, Kartoffelchips	patate fritte, patatine
pecho	chest	poitrine	Brust	petto
pedir	to ask (for), to order	demander, commander	bitten, bestellen	chiedere, ordinare
peinarse	to comb	se peigner, coiffer	sich kämmen	pettinarsi
pelearse	to quarrel	se disputer	sich streiten	bisticciarsi
pelirrojo	red-haired	roux	rothaarig	dai capelli rossi
pelo	hair	cheveux	Haar	capelli
pelota	ball	balle, ballon	Ball	palla
peluquero	hairdresser	coiffeur	Friseur	parrucchiere
pensar	to think	penser	denken	pensare
pequeño	small	petit	klein	piccolo
pera	pear	poire	Birne	pera
periodista	journalist, reporter	journaliste	Journalist	giornalista
perro	dog	chien	Hund	cane
persona	person	personne	Person, Mensch	persona
pescado	fish	poisson	Fisch	pesce
pestaña	eyelash	cil	Wimper	ciglio
pie	foot	pied	Fuß	piede
pierna	leg	jambe	Bein	gamba
pintor	painter	peintre	Maler	pittore
pintura	paint	peinture	Farbe, Lack	vernice, colore
piscina	swimming pool	piscine	Schwimmbad	piscina
piso	flat	appartement	Wohnung	appartamento
pizarra	blackboard	tableau	Tafel	lavagna
plan	plan	plan	Plan	piano
planear	to plan	projeter	planen	pianificare, organizzare
plano	plan, map	plan	Plan	pianta
plátano	banana	banane	Banane	banana
plato	dish	assiette	Teller	piatto
playa	beach	plage	Strand	spiaggia
plural	plural	pluriel	Plural	plurale
poco	little	peu	wenig	poco
policía	police, police officer	police, policier	Polizei, Polizist	polizia, poliziotto
pollería	poulterer's store	magasin de volaille	Geflügelhandlung	polleria
pollo	chicken	poulet	Hähnchen	pollo
poner	to put	mettre	legen, stellen	mettere, porre
positivo	positive	positif	positiv	positivo
postal	postcard	carte postale	Postkarte	cartolina
postre	dessert	dessert	Nachtisch	dessert
practicar	to practice	pratiquer	üben	praticare
precio	price	prix	Preis	prezzo
precioso	lovely, beautiful	ravissant, charmant	reizend	avvenente
predicción	prediction, forecast	prédiction	Prognose, Vorhersage	predizione
preferir	to prefer	préférer	vorziehen	preferire
preguntar	to ask	demander	fragen	domandare
prenda	garment	vêtement	Kleidungsstück	capo d'abbigliamento
preparar	to prepare	préparer	vorbereiten	preparare
presentador	presenter, anchorman	présentateur	Moderator	presentatore
presentarse	to introduce oneself	se présenter	sich vorstellen	presentarsi
primavera	spring	printemps	Frühling	primavera
primo	cousin	cousin	Vetter	cugino
probarse	to try on	essayer	anprobieren	provarsi
problema	problem	problème	Problem	problema
producto	product	produit	Produkt	prodotto
profesión	profession, trade	profession	Beruf	professione
profesor	professor, teacher	professeur	Professor, Lehrer	professore
programa	program	émission	Sendung	programma
pronunciar	to pronounce	prononcer	aussprechen	pronunciare
próximo	next	prochain, suivant	nächste	prossimo, seguente

ESPAÑOL	INGLÉS	FRANCÉS	ALEMÁN	ITALIANO
proyecto	plan, project	projet	Plan, Projekt	progetto
pueblo	village	village	Dorf	paese, villaggio
puerta	door	porte	Tür	porta
pupitre	desk	pupitre, table	Schulbank	banco
puré	purée	purée	Püree, Brei	purè, passato

Q

queso	cheese	fromage	Käse	formaggio
quitar	to take away, to take off	enlever, ôter	entfernen, wegnehmen	togliere, levare

R

rápido	fast, quick	vite	schnell	rapido, veloce
raqueta	racket	raquette	Racket	racchetta
rato	while	quelque temps, moment	Weile	pezzo
recibir	to receive	recevoir	empfangen	ricevere
refrescos	refreshments	refraîchissements	Erfrischungen	rinfreschi
regalo	present, gift	cadeau	Geschenk	regalo
regla	ruler	règle	Lineal	righello
regular	regular	régulier	regulär	regolare
relacionar	to relate, to link	mettre en rapport	in Zusammenhang	collegare, associare
repetir	to repeat	répéter	wiederholen	ripetere
reportaje	report, story	reportage	Bericht, Reportage	reportage, servizio
retrete	lavatory, loo	toilettes	Toilette	gabinetto
revista	magazine	revue, magazine	Zeitschrift	rivista
rico	delicious	délicieux	lecker	delizioso
rizado	curly	frisé	lockig	riccio
rodilla	knee	genou	Knie	ginocchio
rojo	red	rouge	rot	rosso
ropa	clothes	vêtements	Kleidung	vestiti, roba
rubio	fair, blond	blond	blond	biondo

S

sábado	Saturday	samedi	Samstag, Sonnabend	sabato
sabroso	tasty	savoureux, délicieux	schmackhaft, lecker	gustoso
sacapuntas	pencil sharpener	taille-crayon	Bleistiftspitzer	temperamatite
sal	salt	sel	Salz	sale
salado	salty	salé	salzig	salato
salchicha	sausage	saucisse	Wurst	salsiccia
salir	to go out, to leave	sortir	ausgehen	uscire
salón	parlor, sitting-room	salon	Salon	salone
salud	health	santé	Gesundheit	salute
saludar	to greet	saluer	grüßen	salutare
saludo	greeting	salut, salutation	Gruß	saluto
sardina	sardine	sardine	Sardine	sardina
secretaría	secretariat	secrétariat	Sekretariat	segreteria
seda	silk	soie	Seide	seta
semana	week	semaine	Woche	settimana
sencillo	simple	simple	einfach	semplice
sentarse	to sit, to sit down	s'asseoir	sich setzen	sedersi
sentimiento	feeling	sentiment	Gefühl, Empfindung	sentimento
señalar	to mark, to indicate	marquer, indiquer	kennzeichnen, anzeigen	segnare, indicare
septiembre	September	septembre	September	settembre
servilleta	napkin	serviette	Serviette	tovagliolo
siempre	always	toujours	immer	sempre
siesta	siesta, nap	sieste	Siesta, Mittagsschlaf	siesta
siguiente	following, next	suivant	folgend	seguente
sílaba	syllable	syllabe	Silbe	sillaba
silla	chair	chaise	Stuhl	sedia
sillón	armchair	fauteuil	Sessel	poltrona
singular	singular	singulier	Singular, singularisch	singolare
situación	situation, position	situation	Lage, Situation	situazione
sobre	on, over	sur	Auf, Über	sopra, su
sobrino	nephew	neveu	Neffe	nipote
sofá	settee, couch	canapé	Sofa	divano
sol	sun	soleil	Sonne	sole
soler	to be in the habit of	avoir l'habitude de	pflegen	solere
soltero	single, bachelor	célibataire	ledig	celibe
sombrero	hat	chapeau	Hut	cappello
sonido	sound	son	Ton, Klang	suono
sopa	soup	soupe	Suppe	minestra, zuppa
sorpresa	surprise	surprise	Überraschung	sorpresa

ESPAÑOL	INGLÉS	FRANCÉS	ALEMÁN	ITALIANO
soso	tasteless, bland	fade, insipide	ungesalzen, fade	insipido
sudadera	sweatsuit, sweatshirt	sweat-shirt	Sweatshirt	sweatshirt
suelo	floor, ground	sol, plancher	Boden	pavimento, suolo
suerte	luck	chance	Glück	fortuna
supermercado	supermarket	supermarché	Supermarkt	supermercato
sur	south	sud	Süden	sud
sureste	southeast	sud-est	Südosten	sud-est
suroeste	southwest	sud-ouest	Südwesten	sud-ovest

T

taberna	tavern, bar	bistrot	Kneipe	taverna, osteria
tabla	table	table, tableau	Tabelle, Tafel	tavola, tabella
talla	size	taille	Größe	taglia
tapas	bar snacks, tapas	amuse-gueules, tapas	Häppchen, Spießchen, tapas	stuzzichini, tapas
tarde	afternoon, evening, late	après-midi, soir, tard	Nachmittag, Abend, spät	pomeriggio, sera, tardi
tarea	task, job	tâche, travail	Aufgabe, Arbeit	compito, lavoro
tarta	cake, tart	gâteau, tarte	Torte	torta
taxi	taxi, cab	taxi	Taxi	tassì, taxi
taza	cup	tasse	Tasse	tazza
té	tea	thé	Tee	tè
teatro	theater	théâtre	Theater	teatro
techo	ceiling	plafond	Decke	soffitto
teléfono	telephone	téléphone	Telefon	telefono
televisión	television	télévision	Fernsehen	televisione
temperatura	temperature	temperature	Temperatur	temperatura
temprano	early	de bonne heure	früh	presto
tenedor	fork	fourchette	Gabel	forchetta
tener	to have	avoir	haben	avere
tenis	tennis	tennis	Tennis	tennis
tenista	tennis player	joueur de tennis	Tennisspieler	tennista
terminar	to finish, to end	finir	abschließen, beenden	finire
ternera	veal	veau	Kalb	vitello
terraza	terrace, balcony	terrasse	Terrase	terrazza
texto	text	texte	Text	testo
tiempo	time	temps	Zeit	tempo
tiempo (atmosférico)	weather	temps	Wetter	tempo
tienda	shop, store	boutique, magasin	Geschäft, Laden	negozio
tío	uncle	oncle	Onkel	zio
tipo	type, sort, kind	type, sorte	Art, Sorte	tipo
tiza	chalk	craie	Kreide	gesso
tocar	to touch, to play	toucher, jouer	berühren, spielen	toccare, suonare
todo	all, everything	tout	alles, ganz	tutto
tomar	to take, to have	prendre	nehmen, einnehmen	prendere
tomate	tomato	tomate	Tomate	pomodoro
tortilla	omelet	omelette	Omelett(e), Tortilla	frittata
tos	cough	toux	Husten	tosse
tostada	piece of toast	toast	Toast	crostino
trabajar	to work	travailler	arbeiten	lavorare
tradicional	traditional	traditionnel	traditionell	tradizionale
traducir	to translate	traduire	übersetzen	tradurre
tráfico	traffic	circulation	Verkehr	traffico
traje	suit, dress	costume, robe	Anzug, Kleid	vestito, abito
transporte	transport, transportation	transport	Transport, Beförderung	trasporto

U

ultramarinos	grocer's shop	épicerie	Lebensmittelgeschäft	negozio di (generi) alimentari
unir	to join, to link, to unite	unir, assembler, relier	verbinden, vereinen	unire, collegare
universidad	university	université	Universität, Hochschule	università
urbanización	urbanization	lotissement	Wohnsiedlung	complesso edilizio

V

vacaciones	holidays	vacances	Urlaub, Ferien	vacanze
vacío	empty	vide	leer	vuoto
variado	varied	varié	vielfältig, verschieden	vario, svariato
vaso	glass	verre	Glas, Becher	bicchiere
ventana	window	fenêtre	Fenster	finestra
verano	summer	été	Sommer	estate
verbo	verb	verbe	Verb	verbo
verde	green	vert	grün	verde
verdura	vegetable	légume	Gemüse	verdura

ESPAÑOL	INGLÉS	FRANCÉS	ALEMÁN	ITALIANO
vestido	garment, dress	vêtement	Bekleidung	vestito
vestirse	to dress	s'habiller	sich anziehen	vestirsi
veterinario	veterinarian	vétérinaire	Tierarzt	veterinario
vez	time	fois	Mal	volta
viaje	trip, journey	voyage	Reise	viaggio
viento	wind	vent	Wind	vento
viernes	Friday	vendredi	Freitag	venerdì
vino	wine	vin	Wein	vino
visitar	to visit	visiter	besuchen, besichtigen	visitare
viudo	widower	veuf	Witwer	vedovo
vivir	to live	vivre, habiter	leben, wohnen	vivere, abitare
vocabulario	vocabulary	vocabulaire	Wortschatz	vocabolario
volver	to come back	rentrer	zurückkommen	ritornare, rientrare
voz	voice	voix	Stimme	voce

Y

yogur	yoghurt	yaourt	Jogurt	yogurt

Z

zapatería	shoe shop	magasin de chaussures	Schuhgeschäft	calzoleria
zapatilla	slipper	chausson, pantoufle	Pantoffel, Hausschuh	pantofola, ciabatta
zapatillas de deporte	trainers, sneakers	chaussures de sport	Turnschuhe, Trainingsschuhe	scarpe da ginnastica de deporte
zapato	shoe	soulier, chaussure	Schuh	scarpa
zona	area	zone	Zone, Gebiet	zona
zumo	juice	jus	Saft	succo, spremuta

GIROS Y EXPRESIONES

ESPAÑOL	INGLÉS	FRANCÉS	ALEMÁN	ITALIANO

Lección 1. La clase de español

Buenos días	Good morning	Bonjour	Guten Morgen, Guten Tag	Buon giorno
Buenas tardes	Good afternoon, Good evening	Bonjour, Bonsoir	Guten Tag, Guten Abend	Buon pomeriggio, Buona sera
Buenas noches	Good evening, Good night	Bonsoir, Bonne nuit	Guten Abend, Gute Nacht	Buona sera, Buona notte
¡Hola!	Hello!	Bonjour!	Hallo!	Ciao!, Salve!
Hasta luego / Adiós	See you / Goodbye	À tout à l'heure, À tantôt / Adieu	Bis später / Auf Wiedersehen, Tschüs	A più tardi, A dopo / Ciao
¿De dónde eres?	¿Where do you come from?	D'où es-tu?	Woher kommst du?	Da dove sei?
Encantado	Pleased to meet you	Enchanté (de faire votre connaissance)	Sehr angenehm	Piacere
Gracias	Thank you	Merci	Danke	Grazie
Hasta pronto	See you soon	À bientôt	Bis bald	A presto
Hasta mañana	Till tomorrow	À demain	Bis morgen	A domani
¿Qué tal estás?	How are you?	Comment ça va?, Comment vas-tu?	Wie geht's dir?	Come stai?

Lección 2. Mi casa

A las afueras	On the outskirts	À la périphérie	Am Stadtrand	Nella periferia, Nei dintorni
En el centro	In the center, In the middle	Au centre	Im Zentrum, In der Mitte	Nel centro
A la derecha	On the right	À droite	Rechts	A destra
A la izquierda	On the left	À gauche	Links	A sinistra
Al lado (de)	Next (to)	À côté (de)	Neben	Accanto (a)
Junto a	Next to, By	À côté de	Neben	Accanto (a)
Sobre	On, Over	Sur	Auf, Über	Sopra, Su
Dentro de	Inside, In	Dans	In	Dentro

ESPAÑOL	INGLÉS	FRANCÉS	ALEMÁN	ITALIANO

Lección 3. El cumpleaños de la abuela

ESPAÑOL	INGLÉS	FRANCÉS	ALEMÁN	ITALIANO
Estar casado/a	To be married	Être marié/mariée	Verheiratet sein	Essere sposato/a
Estar soltero/a	To be single	Être célibataire	Ledig sein	Essere celibe/nubile
Estar viudo/a	To be a widower/widow	Être veuf/veuve	Verwitwet sein	Essere vedovo/a
Tener un hijo / una hija	To have a son/ a daughter	Avoir un fils/une fille	A Sohn/ a Tochter haben	Avere un figlio/ una figlia
Estado civil	Marital status	État civil	Familienstand	Stato civile
Familia numerosa	A large family	Famille nombreuse	Kinderreiche Familie	Famiglia numerosa
¿Qué día es tu cumpleaños?	When is your birthday?	Quand est ton anniversaire?	Wann hast du Geburtstag?	Quando è il tuo compleanno?

Lección 4. Un día normal y corriente

ESPAÑOL	INGLÉS	FRANCÉS	ALEMÁN	ITALIANO
Por la mañana	In the morning	Le matin	Vormittags	Di mattina
Por la tarde	In the afternoon, In the evening	Dans l'après-midi, Le soir	Nachmittags, Abends	Nel pomeriggio, Di sera
Por la noche	At night	La nuit	Nachts	Di notte
Al mediodía	At midday, At noon	À midi	Mittags	A mezzogiorno
¿Qué hora es?	What time is it?	Quelle heure est-il?	Wie viel Uhr ist es?	Che ora è?
A medianoche	At midnight	À minuit	Um Mitternacht	A mezzanotte
¿Cuándo quedamos?	When shall we meet?	Quand nous retrouvons-nous?	Wann treffen wir uns?, Wann verabreden wir uns?	Quando ci incontriamo?
¿A qué hora quedamos?	What time shall we meet?	On se rencontre à quelle heure?	Um wieviel Uhr treffen wir uns?	A che ora ci incontriamo?
A las nueve nos vemos	We shall meet at nine o'clock	On se rencontrera à neuf heures	Wir treffen uns um neun Uhr	Ci vediamo alle nove
¿Cómo vas a casa?	How are you going home?	Comment vas-tu à la maison?	Wie gehst du nach Hause?	Come vai a casa?
Voy en coche	I'm going by car	Je vais en voiture	Ich fahre mit dem Auto	Vado in macchina
A menudo	Often	Souvent	Oft, Häufig	Spesso
A veces	Sometimes	Parfois	Manchmal	Alle volte

Lección 5. De compras

ESPAÑOL	INGLÉS	FRANCÉS	ALEMÁN	ITALIANO
Quería / Deseaba…	I'd like…	Je voudrais / Je désiderais…	Ich möchte…	Vorrei / Desiderei…
¿Tiene…?	Have you…?	Avez-vous…?	Haben Sie…?	Avete (voi), Ha (lei)
¿Cuánto vale?	How much is it?	Quel est le prix?	Wie viel kostet es?	Quanto costa?
¿Cuánto cuestan?	How much do they cost?	Combien ça coûte?	Wie teuer ist es?	Quanto costano?
¿Cuánto es?	How much is it?	C'est combien?	Was kostet das?	Quant'è?
De nada	Not at all	Je vous en prie / De rien	Bitte sehr	Prego
Por favor…	Please…	S'il vous plaît…	Bitte…	Prego…, Per favore…
Ir de compras	To go shopping	Aller faire des courses	Einen Einkaufsbummel machen	Andare a fare spese
Tenga usted / Aquí tiene	Here you are	Tenez, Voilà	Hier bitte	Ecco qui
¿Algo más? / ¿Alguna cosa más?	Anything else?	Quelque chose d'autre?, Et avec ça?	Sonst noch etwas?	Nient'altro?, Basta (così)?
A cuadros / rayas	Checked / Striped	À carreaux / À rayures	Kariert / Gestreift	A quadri / A strisce
De lunares / flores	Polka-dot / Flowery	À pois / À fleurs	Mit Tupfen / Geblümt	A pois /A fiori

Lección 6. Hoy comemos fuera

ESPAÑOL	INGLÉS	FRANCÉS	ALEMÁN	ITALIANO
¿Nos puede traer la carta?	Could you bring us the menu?	Pourriez-vous nous apporter le menu?	Können Sie uns bitte bringen die Speisekarte?	Ci porta il menu, per favore?
¿Qué van a tomar?	What will you have?	Qu'est-ce que vous prendrez?	Was möchten Sie bestellen?	Cosa desiderano?
De primer plato / De primero	As first dish / As a starter	En premier plat / En entrée	Als Vorspeise	Come primo piatto / Come antipasto
De segundo (plato)	As main course	En plat principal	Als Hauptgang	Come secondo (piatto)

ESPAÑOL	INGLÉS	FRANCÉS	ALEMÁN	ITALIANO
De postre	For dessert	En dessert	Als Nachspeise	Come dessert
Por favor, ¿nos trae la cuenta?	Could we have the bill, please?	Pourriez-vous nous apporter l'addition, s'il vous plaît?	Können wir die Rechnung haben, bitte?	Ci porta il conto, per favore?
¿Qué le debo?	What do I owe you?	Combien je vous dois?	Wie viel kostet das?	Quanto le devo?
¡Que aproveche!	Enjoy your meal!	Bon appétit!	Guten Appetit!	Buon appetito
¡Qué rico (está)!	It's delicious!	C'est delicieux!	Es ist lecker!	É delizioso
Cocinar / Hacer a la plancha	To grill	Griller	Braten in der Pfanne	Cuocere sulla piastra
Menú del día	Daily menu	Menu du jour	Tagesmenü	Menu del giorno
Precio económico	Cheap price	Prix économique	Billige Preis	Prezzo economico
Me gusta(n) / Me encanta(n)	I like / I love	J'aime / J'adore	Ich mag / Ich esse unheimlich gern	Mi piace (mi piacciono) / Adoro

Lección 7. ¿Qué te pasa?

ESPAÑOL	INGLÉS	FRANCÉS	ALEMÁN	ITALIANO
¿Qué te pasa?	What's the matter with you?	Qu'est-ce que tu as?	Was ist mit dir los?	Che cosa hai?
¿Qué te duele?	What is hurting you?	Où as-tu mal?	Was tut dir weh?	Che cosa ti fa male?
No me encuentro bien	I don't feel well	Je ne me sens pas bien	Mir geht es nich gut	Non mi sento bene
Tienes mala cara	You don't look well	Tu as mauvaise mine	Du siehst schlecht aus	Hai un brutto aspetto
Estar nervioso	To be nervous	Être nerveux	Nervös sein	Essere nervoso
Tengo frío / sueño / fiebre	I'm cold / sleepy / feverish	J'ai froid / sommeil / de la fièvre	Mir ist kalt / Ich habe Fieber	Ho freddo / sonno / febbre
Tengo hambre / sed	I'm hungry / thirsty	J'ai faim / soif	Ich habe Hunger / Durst	Ho fame / sete
Me duele la cabeza	My head is hurting	J'ai mal à la tête	Ich habe Kopfschmerzen	La testa mi fa male
Tengo dolor de oídos	I have an earache, My ears hurt	J'ai mal aux oreilles	Ich habe Ohrenschmerzen	Ho mal d'orecchi
Tengo tos	I have a cough	J'ai de la toux	Ich habe Husten	Ho tosse
Estar resfriado	To have a cold	Être enrhumé	Eine Erkältung haben	Essere raffreddato
Estar en forma	To be fit	Être en forme	In Form sein	Essere in forma
Hay que descansar	It's necessary to rest	Il faut se reposer	Du mußt dich ausruhen	Bisogna riposare
Debes ir al médico	You must go to the doctor's	Tu dois aller chez le médecin	Du mußt zum Arzt gehen	Devi andare dal dottore
Tienes que comer más	You must eat more	Tu dois manger davantage	Du mußt mehr essen	Devi mangiare di più
Seguir todo recto	To carry straight on	Continuer tout droit	Geradeaus gehen	Proseguire dritto
Girar a la derecha / izquierda	To turn right / left	Tourner à droite / à gauche	Rechts / links abbiegen	Voltare a destra / a sinistra

Lección 8. De mayor seré…

ESPAÑOL	INGLÉS	FRANCÉS	ALEMÁN	ITALIANO
Mañana	Tomorrow	Demain	Morgen	Domani
Pasado mañana	The day after tomorrow	Après-demain	Übermorgen	Dopodomani
La semana / El mes / El año que viene	Next week / month / year /	La semaine / Le mois / L'année prochain/e	Nächste Woche / Nächste Mònat / Nächstes Jahr	La settimana / Il mese / L'anno prossimo/a
El / La próximo/a mes / año / semana / martes	Next month / year / week / Tuesday	Le mois / L'année / La semaine / Mardi prochain/e	Nächste Monat / Nächstes Jahr / Nächste Woche / Der nächste Dienstag	Il mese / L'anno / La settimana / Martedì prossimo/a
Dentro de un / dos… año(s) / mes(es)	In one / two… year(s) / month(s)	Dans un/e / deux… année(s) / mois	In einem Jahr / In zwei Jahre / In einem Monat / In zwei Monate	Fra un / due… anno/i / mese/i